高效写作

汤小小◎著

江苏凤凰文艺出版社
JIANGSU PHOENIX LITERATURE AND
ART PUBLISHING, LTD

图书在版编目（CIP）数据

高效写作 / 汤小小著 . -- 南京 : 江苏凤凰文艺出版社 , 2020.2（2020.3重印）
ISBN 978-7-5594-4221-5

Ⅰ . ①高… Ⅱ . ①汤… Ⅲ . ①汉语－写作 Ⅳ . ① H15

中国版本图书馆 CIP 数据核字 (2019) 第 267843 号

高效写作

汤小小　著

出版人　张在健
责任编辑　唐　婧
特约编辑　王文彬
装帧设计　仙境工作室
责任印制　郝　旺
出版发行　江苏凤凰文艺出版社
　　　　　南京市中央路 165 号，邮编：210009
网　　址　http://www.jswenyi.com
印　　刷　唐山富达印务有限公司
开　　本　880 × 1230 毫米　1/32
印　　张　7.5
字　　数　150 千字
版　　次　2020 年 2 月第 1 版　2020 年 3 月第 4 次印刷
书　　号　978-7-5594-4221-5
定　　价　46.00 元

CONTENTS

目录

第一章

以写作为生：新媒体带来的另一种可能

收获：新媒体写作的多重收益

30 岁之前，我的生活一塌糊涂。

为了一份工作，到离家千里之外的城市，住在城中村最简陋的房子里，没有厨房，没有卫生间，更没有网络。那份工作，并没有多少技术含量，随时可能被取代。工资除去生活费，所剩无几。

这份工作，我一干就是 3 年。这 3 年里，几乎每天都要加班，周末顶多只有一天休息时间，忙得常常不知道生活的意义在哪里。然而，就是这样的一份工作，需要付出的代价是，把刚满周岁的孩子独自留在家里，成了“留守儿童”，一年只能回去看她一次。

身边很多人都过着这样的生活，这份工作和自己所处的圈子，让我完全不知道如何提升自己。那时候只有一个声音在呐喊：“我不要过这样的生活，我要让自己时间更自由，把孩子接到身边！”

我找到的出口是写作。我喜欢写作，只是一直不知道如何写好，更不知道如何通过写作变现。然而，这有什么关系呢？不会可以学。不会并不可怕，可怕的是你根本不知道自己该做什么。

我报过培训班，看过写作书，也自己不停地练笔。甚至在 30 岁那一年，我不顾身边人的反对，做了全职撰稿人。

纸媒时代，我每年都会发表大量的文章，后来新媒体兴起，我开始做公众号，做头条号，不但获得了几十万读者的关注，还创建了“汤小小轻松高效写作”品牌，培训了 2 万多名学员，帮很多人实现了靠写新媒体文章月入过万的梦想。

如今，我早已把孩子接到身边，每天也能抽时间陪她读书、陪她玩。不用无止境地加班，想出门的时候，随时可以背起包就走，一边在路上一边写作。我还把家安在了离父母更近的城市，装修成我喜欢的样子，可以在书房里安心写作，也可以随时回去看父母。我有了更多学习的途径，身边的人也越来越优秀，从他们身上，总能看到前进的方向。我能清楚看到自己的成长，一年顶过去 3 年。

一切，都是我喜欢的样子；而这一切，都得益于写作。

我还是那个没有多少职场技能、不漂亮、没有高学历，普通话也不标准的人，但因为写作，这些短板都不那么重要了；因为写作，我开拓了另一条通向理想生活的路。

一直很感激自己，即使在最灰暗的生活里，依然为自己保留了一份热爱，并且不遗余力去把它打磨成专业技能，而不是随波逐流、怨天尤人。

我自己是新媒体写作的受益者，所以后来又不遗余力地教别人新媒体写作，让很多人也成为受益者。我觉得，新媒体写作是最适合普通人学习的技能，因为它的好处实在太多了。

打造个人IP：迷惘青年如何蜕变为成长导师

有位年轻人，快 30 岁了，仍然默默无闻，碌碌无为，还一直受到反复发作的抑郁症的折磨。他很不甘心，他说，他最惧怕的就是平庸。

他攒了 10 万元钱，开始闯荡“江湖”。在见了很多牛人、参加了很多社群之后，他学到了很多东西。然而，钱花得很快，在最穷的时候，他的卡里只剩下不到 200 元。与此同时，他开始写文章。

他写了大量的短文，与读者分享成长心得。这些文章表达简洁，篇幅颇小。正是靠着这些短文，他成为 2016 年简书排名第二的签约作者，微信公众号矩阵读者人数突破 100 万；也是凭借这些短文，读者发现原来这位年轻人懂得这么多，对于成长有那么多方法和感悟，原来他的处世方式那么值得学习。

读者通过他的文章了解他、喜欢他、信任他，并愿意跟着他一起成长。他的一场付费在线分享，参与人数突破 10 万。他开办多个社群，哪怕并不明确说社群要教大家什么，还是有很多人愿意报名，因为知道和他在一起能更快地成长。

这位年轻人叫“剽悍一只猫”。

如果不是持续进行新媒体写作，即使他对成长有很多方法和感悟，别人也不知道，更不可能关注他、跟他学习。正是因为通过写作让别人了解了这些，因此慢慢建立了个人 IP。

身边很多做新媒体的朋友都是如此，他们可能在某一个领域有特长，比如擅长演讲、美食、英语、育儿等，通过写作，他们让更多人了解了自己的特长。随着个人 IP 慢慢形成，很多“变现”渠道就被打开了。

其实，我自己在别的领域并没有什么特长。不过，通过坚持写作，不停输出自己的观点，分享自己关于时间管理和写作方面的经验，我赢得了越来越多的人的认可、信任，因此也形成了个人 IP。依托个人 IP，我可以出书、开办训练营、做电商。

互联网时代，个人 IP 是一种非常重要的竞争优势，有了个人品牌，也就意味着有了流量和关注度，很多机会和资源自然也会向你倾斜。当你默默无闻时，想出一本书并不容易。然而，如果你通过写作，长期在一个领域深耕，打造出了个人 IP，有很多认同你的读者，那么不管你出书、做课程还是做其他的事，都会方便很多。哪怕你只是做电商，由于读者信任你，他们也更愿意花钱。

说到底，所谓打造个人 IP，就是让更多的人知道你、关注你、信任你。你每多写一篇好文章，就会多几个人知道你，多几个人关注你、信任你。天长日久，知道和信任你的人就会越来越多，你的个人 IP 也就慢慢形成了，是不是也没那么难？

自主的人生：在家庭和事业间闲庭信步

“女贞”是我们点评班的老师，经常被大家称为“行走的鸡血”。她是三个孩子的妈妈，且只有初中文凭。为了养孩子，她摆过地摊，也在40摄氏度高温的车间待过，时间和家庭财务状态都非常紧张。

50多岁时，她报了我的写作班，学习新媒体写作。刚开始，她完全不懂，写出来的文章语言啰唆，问题很多。不过，她喜欢写，也想实现时间自由，这样以后能给女儿带孩子。

写了大概一年左右，文章越来越成熟，不但有了很多读者，也因为会写作，被单位调到宣传部写通讯、演讲稿。虽然工作是朝九晚五，但时间上很自由，而且，上班时间可以名正言顺地写文章，对她来说，跟在家也没多大区别。

有一次单位同事聚餐，有同事问：“如果离开单位，大家还能干什么呢？”

别人都有些心慌，“女贞”却一脸从容，因为她知道，就算离开单位，她还能进行新媒体写作。

现在，她不但做了我们点评班的老师，还辞了工作，一边写作一边带班，还能帮女儿带孩子，时间完全可以自己掌控，收入也比之前高很多。她经常跟我说：“我挣的钱完全够用了！”

在退休的年龄，她活成了很多人羡慕的样子。

我身边有很多全职妈妈选择写作，因为她们需要照顾孩子，时间上必须自由，工作要完全自己掌控。与此同时，作为全职妈妈，没有收入会让她们觉得没有底气和安全感，所以仍想在时间自由的前提下，有一定的收入，不说大富大贵，至少手里有钱心里不慌。

当初，我孤注一掷选择全职写作的时候，其实就是考虑到要带孩子。我实在不想把孩子扔给老人，但是上班时间被限制，接送孩子，辅导孩子作业，都是无法完成的任务。还好我会写作，因此一咬牙，干脆就放弃工作，全职写作，把自己变成了一个自由职业者。

时间自由是不是意味着收入不高呢？其实新媒体写作做得好的话，收入也还是很可观的。放一个从事新媒体写作只有一年时间的作者的收入。

表1-1　写作新手的年收入

大平台上稿 12 篇	软文两篇	今日头条等平台流量收入	读者打赏	平台爆文奖励	合计
4800 元	2000 元	1500 元	500 元	1000 元	9800 元

这个收入不算高，而且还有其他变现模式没有打通。不过，

对于刚开始从事新媒体写作的人来说，也足以实现部分自由了，比如可以自由地买自己喜欢的东西，可以做自己喜欢做的事，拒绝不喜欢的事。

从事自由职业，同时还有不错的收入，这是很多人追求的生活方式，符合这些条件的工作并不多，新媒体写作算是其中门槛最低的一个。只要有一台电脑和一部手机，再愿意付出努力和时间，基本上就够了。

思考和解压：写作是一场漫长的修行

有一位学员曾经分享过她开始写作以后的故事。没有写作之前，她特别没有主见，别人说什么她都觉得对。另外，她还经常抱怨，常常因为一点小事跟老公吵得不可开交。为孩子费心费力，结果孩子却说害怕妈妈。

开始写作以后，对于每篇文章，她都要仔细琢磨选题、观点、素材、结构这些方面的因素，从而慢慢地养成了思考的习惯，而这个习惯很自然地就延伸到生活的方方面面。别人再说什么的时候，她就会想一想，这个观点站不站得住脚，能不能经得起推敲？每次这么一想，就很容易看出对方说得对不对。

有一次因为一点小事她又准备跟老公吵架，但转念一想，这个可以当素材写进文章里啊，赶紧打开电脑写文章去了。在文章里，仔细梳理了自己的情绪，发现有些事情其实自己做得也不对，也需要改。

因为写作需要输入，之前不怎么看书的她，也开始大量看书、上课、跟厉害的人聊天，而这其实都是一种学习。最出人意料的是，她看书的时候，孩子也会拿着绘本看。显然，在潜移默化中，孩子养成了很多好的习惯。

思考与学习互相促进，让她看清楚了自己之前存在的很多问题，开始尝试慢慢改变，跟老公吵架的次数越来越少，跟孩子的关系也越来越亲密。老公经常夸她变聪明了。

很多学习写作的人都有这样的情况，因为写作是需要深度思考的，是能够梳理情绪的，天长日久，你就会被影响，会比一般人更善于思考。另外，写作本身也是一件需要不停学习的事情。无论是寻找素材，还是构思新颖观点，其实都是一种学习的过程。在这个过程中，你会不知不觉地就了解到更多的东西，学会更多的知识。

学习写作以后，很多人思考能力和学习能力都变得很强，还因此成了某一个领域的专业人士。有时候我遇到想不通的事情，就会用写文章的方式梳理一下，发现一下子就通了，而且写作以后，我变得超级爱学习，善于思考，因此才会觉得自己一年的成长，顶得上过去 3 年。

写作的人基本上都是终生学习者，既写了文章，又与时俱进学了很多新东西，让自己的竞争力越来越强，真是一举多得。

提升逻辑能力：思路通了沟通就容易了

曾经，我是一个很内向的人，跟人说话会脸红，根本不知道怎么去沟通。我的第一份工作是在超市当促销员，可我根本不会跟顾客沟通，因此推销不出产品。我也不会跟领导沟通，以至于领导常常误解我。结果不到一个月，我就被解雇了。

从事写作以后，我需要经常和编辑沟通。我还经常接受读者的倾诉，因此也需要跟读者沟通。刚开始，我一律用文字沟通，像写文章那样，想讲清楚一件事，就去套写文章的那些步骤。这样就能做到逻辑清晰，从而保证沟通变得顺畅。

对于文字沟通，我慢慢变得非常得心应手了。于是，我又开始想，面对面沟通及语音沟通更能锻炼自己。于是，我开始尝试使用语音沟通；出去学习的时候，我也会主动面对面去找别人沟通。得益于写作，我的逻辑变得更清晰，我把沟通对象想象成读者，这样一来，沟通就不再是一件艰难的事，而变得和写文章一样有趣了。

现在经常有学员问我："老师，怎么提升自己的逻辑思考能力？我觉得逻辑能力强才能写好文章。"

我会告诉他们："写好文章，逻辑能力自然提升了，因为写文章本身就是一个提升逻辑的过程。"

为什么说，写文章有助于提升逻辑能力呢？因为写文章时会用到很多结构，而这些结构，其实就是一个逻辑框架。它们会很明确地指示你：先这样说，再这样说，然后那样说，这样就能说服读者。

当这个习惯形成的时候，不管你和任何人沟通，也不管你思考任何事情，都会按照这个步骤去想，逻辑很清晰，思考也会更快速。当你能用文章说服读者的时候，自然和人沟通也不再成问题。

单纯地训练逻辑和沟通能力，是比较困难的事情，因为需要很多人配合。相比较而言，写作就简单多了，一个人就可以练习。显然，写好文章，不但可以提升逻辑思考能力，也会提升沟通能力。

总结：新媒体写作的好处非常多，除了可以打造个人 IP、实现职业和财务自主、获得思考能力与学习能力、提升逻辑和沟通能力，还可以对家人产生积极的影响，放大自己的职业优势，获得价值感和责任感，变得更自信。而且，不管你学历如何，不管你住在哪里，只要愿意，都可以写作。

门槛：从事新媒体写作的先决条件

我自己在很多平台都有账号，其中在“汤小小轻松高效写作”这个号上，我会经常发学员从事写作的故事和经验分享。比如，有人会写，自己一个月赚了 2000 元钱，或者一篇稿子拿到500元稿费，或者得了什么奖。

尽管这些都是真实的分享，绝不掺假，但在评论中还是会有很多不和谐的声音。“别听她忽悠，我写了半年，一分钱没赚到，早就放弃了”“写作能赚这么多钱？我觉得像编的，反正我没有看到过”“只有读书特别多的人才能写作，一般人就算了吧”……

当看着这些评论时，我常常觉得哭笑不得。

做写作培训以后，经常有学员来找我，说想跟我学习新媒体写作。有人刚开始豪情万丈，可写了不到一个月，没有看到一点成绩，就变得垂头丧气了，最后索性不再动笔。有人不喜欢现在的生活和工作，想通过写作来改变，可上课以后发现，自己完全没时间写。

新媒体写作虽然有很多好处，但如果准备不好，很容易半途而废，这会对自信心构成很大的打击。因此，如果想从事新媒体写作，在开始写之前，你要做如下几种准备。

心态：太急迫不会带来好结果

有一位学员刚开始学习写作，然后跑来跟我说：“老师，我特别焦虑，我已经写3篇了，为什么还不能发表呢？”

我说：“3篇太少了，你继续写。”

过了半个月，她又跑来找我：“老师，我已经写10篇了，还是没有发表，怎么办呀？我特别着急，你帮我想想办法。”

其实，在做全职撰稿人初期时，我自己也十分焦灼。当时我一直在想，我已经开始全职写作了，因此必须尽快赚到稿费。我一天写 3 篇文章，不停地投稿；看到别人不断上稿就觉得很难过，于是逼自己再多写一点。然而，这种逼迫毫无用处，整整一个月，我都处在这种状态中，写了一大堆文章，但是一篇也没有发表。随后，我对自己说：不要这么急，慢慢来。我把每天 3 篇的量改成一篇。这样一来，整个人都轻松了，写得也更有质量了。

因此，现在如果有人急切地想靠写作赚钱，我都会劝他不要着急，保持平稳的心态很重要，一个人处在焦虑中，是写不好的。

除了着急，有些人还老是有各种担心：担心新媒体的红利期是不是很快就过去了，担心自己写了文章会不会被读者骂……其实，这些担心都是多余的。

写作是一个长期的过程，绝非一朝一夕就可以做好。如果你抱着赶紧来挣一笔快钱的想法，那么，我劝你还是不要进来。你必须要做好打持久战的准备，因为每个人的基础不同，领悟能力不同，谁也不能保证你写几个月就能写好，赚到钱。因此，如果你想从事新媒体写作，在写作之初，一定要放弃功利心，不要天天想着什么时候能赚钱，不要因为三五个月没赚到钱就放弃。

互联网时代，其实人人都会面临别人的批评，即使你不写文章，也可能被别人评头论足，过于“玻璃心”会过得很痛苦，很容易作茧自缚。不如洒脱一点，让别人评论好了，又没什么大不了。

关于红利期这个问题，不得不承认，每一个平台确实红利期都有限，没有哪个平台能万年长青。不过，你更应该看到，任何时候，都有人在红利期已过的情况下成功逆袭，而且，一个平台的红利期过了，还会有新的平台出来，有新的红利期等待人去挖掘。

我曾经研究过一些新媒体大号，发现这些能够做大的人，都有一定的写作基础，有的甚至写了很多年，早就有了一定的名气。因此，在一个平台刚崛起的时候，他们就能够快速抓住红利期。与此同时，那些没有写作基础的人，只能看着平台红利，却根本抓不住。只要打磨好了写作技能，任何时候你都能够找到自己的红利期。最怕的是风来了，你什么都不会。

时间：写作是一个不断酝酿的过程

一位昵称“云轻”的网友在微信上问我：“我想学写作可以吗？但是我没有时间，现在整个人特别崩溃，你能不能劝一劝我？”

“云轻”是一位全职妈妈，有 3 个孩子，老大刚上幼儿园，老二和老三是双胞胎，不到一岁。她一个人带 3 个孩子，每天连上厕所的时间都没有。特别累，也特别崩溃，她讨厌这样的生活。看到很多人通过新媒体写作变得越来越好，她很焦虑，很着急，因此很想学习写作，把自己从泥潭里拉出来。然而，现实情况是，她实在抽不出时间。

我劝她不要焦虑，等孩子大一点再抽时间写。她觉得特别不能理解，责怪我为什么不肯劝她克服一切困难学习写作。

一连 3 个月，每次写作班招生时，她都会问一遍："我可以学习写作吗？但是我实在抽不出时间。"

虽然写作是一件时间上比较自由的事情，但前提是，你必须有一定的时间。如果你每天工作 12 个小时，没有一刻空闲，想学写作也不太现实，因为你根本没有时间可以分配到写作上来。以每周写两篇文章为例，看一下每天需要多长时间。

表1-2　**每周写两篇文章需要耗费的时间**

周一	周二	周三	周四	周五	周六	周日
收集素材 1 小时左右	想主题，列提纲 0.5 小时左右	写完整的文章 1 － 2 小时	学习写作技巧 1 小时左右	收集素材、列提纲 1 小时左右	写完整的文章 1 － 2 小时	看文章学习 1 － 2 小时

前面提到那位"云轻"，一个人要照顾 3 个孩子，忙得连上厕所的时间都没有。她能够把 3 个孩子照顾好就已经非常累了，时间和精力基本上都到了极限，如果偏要勉强写作，

那真的不现实。

因此，在写之前，先梳理一下你的时间。如果每天连一小时都抽不出来，那就好好规划一下，把时间问题解决了再开始。如果能够抽出时间，那就克服一切困难，把每天的时间安排好，争取每天都给自己留一点写作的时间。其实对于大多数人来说，时间挤一挤总会有的，关键就看你愿不愿意去挤，能不能挤。

能力：门槛虽然低，但还是有

有人加我微信，通过以后，他发给我一大堆文字，然后问我："请问这篇文章能发表吗？"

我回复他："请发到收稿邮箱。"

他问："怎么发邮箱？我不会。"

我说："那你把这些文字复制到文档里，这样我方便保存。"

他说："用什么文档？我没用过，我是用手机备忘录写的。"

我只能回复他："稿子不合适。"

他的文章我根本没看，为什么选择不采用呢？因为我觉得，一个人连基本的操作都不会，文章肯定也不会有新意。这也是为什么很多新人投稿以后，编辑根本不看就回复"不采用"的原因。从一个小细节，就可以看全貌。能力准备分两个方面：

投稿的基本操作。比如，只有会用文档、发邮件、研究各个平台的调性，这样才能保证投稿命中率。这些都不难，自己多摸索，或者买本书，报个课程，差不多就会了。

玩转各平台的能力。新媒体写作不仅仅是写，还要想办法把文章推销出去，因此除了写，你还得知道各平台的特点及玩法，然后从中挑选几个最适合你的，重点运营。

你要知道这些平台上什么文章容易被推荐，什么文章点击率会高，什么文章易于涨粉，每个平台都有什么推荐机制、奖励措施以及后台每个功能如何运用。这些能力都是必不可少的。当然，你可以在运营的过程中，慢慢地去了解。因为只有你开始运营了以后，才更有动力了解，也会了解得更全面。

陷阱：新人要小心这些坑

每次写作班开课的时候，学员都特别热情，争先恐后问各种各样的问题。

“老师，我是专门写情感文章，还是什么都写比较好？之前听很多人说，要专门写一种文章，这样别人才能记住你。”

“老师，写作是不是需要天赋？我觉得自己没有天赋，可以学会吗？”

“看到别人都写那么好，我吓得不敢说话了。老师，写作是不是一定要开公众号才能赚钱？”

他们问的每一个问题，几乎都是写作路上的坑。

刚开始进入新媒体写作的人，因为对这个行业不了解，难免会掉入一些坑，而学习最大的好处，就是避免这种情况出现。

如果你避开了这些坑，就会事半功倍，不会动不动怀疑自己，也不会走很多冤枉路。你会写得更顺，也会更快地实现写作变现。

第一个坑：定位

很多人一开始写作就天天来问：“老师，我怎么给自己定位呀？我是写情感类，还是写干货类？我是幽默一点，还是犀利一点？”

这个问题，谁也不知道。因为实践出真知，你不实践，怎么会知道自己适合什么呢？比如你的面前摆着几盘菜，你想知道哪盘好吃，必须要都尝试一遍才能分辨。写作也一样，当你不知道如何给自己定位时，很大程度上是因为还没有尝试过各种文体，还不知道它们各自都是什么样子的。这种情况下，你也不能确定自己会不会喜欢，是不是擅长。

这个时候，最好的办法，是写你想写的任何一种文体，任何一种风格。在这个过程中，慢慢地你就知道自己喜欢写什么，什么容易写得好。那么定位也就越来越清晰了，到最后你会发现，自己面对的选项其实也不剩几个了。在不多的几个选择里，你只要挑选那些自己擅长的，跟自身优势有关的，比较容易变现的。

因此，一开始，在根本不会写的情况下，不要天天想着怎么给自己定位。关于定位问题，本书后面也会详细地讲解。

第二个坑：半途而废

有位叫“风淡云轻”的学员，刚开始学写作的时候，基础很差，每一篇文章都有很多问题。不过，她特别勤奋，每个月都写十几篇，并且报了很多学习班提升自己，就是死磕写作这件事。

这样坚持了半年，连我都被她感动了，但是我也不知道她什么时候能写好。某一天她忽然告诉我，自己终于发表了第一篇文章。我当时特别开心，也特别感慨，在她身上再次印证了一件事，那就是只要你足够坚持，并且用对了方法，总有一天能够柳暗花明。与之相反，那些三天打鱼两天晒网的人，写一会儿就不知道跑哪儿去了。

我一直强调坚持，因为我自己就是坚持的受益者。

在纸媒时代，我赚不到一分钱，但是我坚持了 10 年之久。坚持得越久，写得越得心应手。因此，在传统媒体已经走下坡路的时候，我还是做到了一年发表大量文章。后来又遇到了新媒体，积累了很多的读者，慢慢把写作这条路走得越来越好。

如果不能熬过黎明前的黑暗，就看不到耀眼的阳光。你需要做的，是坚持一会儿，再坚持一会儿。

第三个坑：天赋论

经常有人问，没有天赋是不是就不能写好文章？还有人写了一段时间写不好，就会想，是不是自己根本没天赋？

他们总想验证天赋这件事。好像有天赋的话，随便就能写出鸿篇巨制，没天赋就永远学不会，可以理直气壮地放弃了。可是天赋是什么？它是个虚无缥缈的东西，看不见摸不着，你根本无从得知自己是不是有。更有意思的是，很多人刚开始写作时觉得自己很笨，好像毫无天赋，怎么连那么简单的文章都写不好呢？然而，后来写的时间长了，写得越来越好，写出了名气，别人都会称赞他真有天赋，甚至连自己也会觉得自己好像是有天赋的。显然，那些早早放弃的人，谁能说他们就没有天赋呢？

因此，不要想天赋的事儿，有它当然最好，没有就靠学习来弥补。别动不动怀疑自己没天赋，没天赋也能通过学习写好文章。

第四个坑：忘记初心

有位学员报名的时候跟我说，她想通过写作记录生活，并不想赚钱，也不想发表。但是学习了一段时间，看到别人上稿，开公众号，拿稿费，她越来越焦虑，跑来问我，她是不是也应该开公众号或者发表文章赚稿费。

每个人写作的目的都不一样。我前面说的好处，可能都比较商业，也是大多数人想要的。然而，还有一些人，他们不想要这些，他们只希望通过写作来梳理自己的内心，通过写作让自己爱上学习，懂得反省，有更强的逻辑思维。

这些都没有问题，最怕的就是你明明只想通过写作梳理自己，结果看到别人赚钱，自己心里不平衡。你明明就是想通过写作赚钱，结果看到别人说写作赚钱不好，写作应该更纯粹，不谈钱，结果自己就开始左右摇摆，甚至厌恶自己。

或者，你写作本来是为了表达，结果在利益的驱使下，忘了自己的初心，变得逐利而行，最后不知道自己到底是谁，到底为什么写作。

因此，保持初心非常重要，认准了就不要纠结。一千个人有一千条路可以走，走自己的路就好，不用和别人攀比。这样，写作才会让你真的觉得快乐。

好习惯：提高写作效率的重要保证

从传统媒体时代的写作，到运营自己的公众号以及其他平台账号，再到后来做写作培训，很多认识我的朋友都觉得我一定非常忙，每天肯定需要工作 12 个小时以上。然而，在很长一段时间中，我的个人简介都是这样写的：每天工作 3 小时的时间管理达人。

很多人觉得不能理解，做这么多的事情，写这么多的文章，为什么 3 个小时就够了？

每天工作 3 小时，这得到了很多人的羡慕，于是一直有朋友和读者问我，到底怎么做才能每天只工作 3 小时。关于这个问题，我还专门写过好几篇关于时间管理的文章。

有位朋友某段时间要写公众号文章，还要写新书，忙得不可开交，而且一忙就容易焦虑，焦虑又会严重拉低工作效率。她很苦恼地问我：“小小，有没有方法可以救救我呀？我现在真的觉得时间完全不够用，每天工作十几个小时，关键是还没有做成多少事儿。”

我告诉了两个方法，大概半个月以后，她留言给我：“小小，你的方法真的太管用了，我尝试着用了以后，速度真的提升了很多，现在已经没那么焦虑了。”

很多人觉得时间管理很难，我当初也是这么认为的，因此去听了很多课，看了很多书，下载了一大堆 App，最后发现，仅仅是做这些，已经花费了我太多时间，这哪是时间管理啊，分明是被时间管理绑架了。

我发现，最简单好用的，用得最顺手的，就是好方法。因此，我把很多方法都舍弃掉了，只结合自己的情况，用了几样最简单的。不需要下载任何 App，不需要借助任何工具，一看就能上手。

现在，我把这些看上去很简单的方法分享给你，只要做到简单的几点，就可以保证用最少的时间做最多的事情。不管全职还是兼职写新媒体文章，都不是问题。

习惯一：列计划和每日清单

很多人写作是没有计划的，灵感来了就写，没灵感就不写。这样的结果是，可能十天半个月也没有灵感。

灵感是最靠不住的东西。依靠灵感，作者很容易懈怠。因此，要学会给自己制订写作计划，规定自己每个月写多少篇，大致要写什么文体。然后再把这个计划细分到每一天。比如你准备一个月写 10 篇，就需要 3 天完成一篇。这 3 天的时间安排就可以很清晰：

表1-3　如果每3天完成一篇文章

第一天	第二天	第三天
寻找相关素材和数据	列提纲	找完整的时间坐下来写

这样，每一天你都有目标，有针对性地去做事，就会觉得时间很充足，自己也不会手忙脚乱，而且文章还按时写完了。

除了列计划，我还一直保持一个非常好的习惯：列每日清单。

列清单的好处，是无论任何时候，都知道自己下一步要做什么。按照时间表严格执行，不管事情多么琐碎，都能有条不紊地进行，不会像无头苍蝇一样东做一下西做一下。当一个人思考下一步做什么的时候，是一种内耗，不但会感觉累，也会浪费时间。如果每天处在这样的状态里，就很容易疲惫。

我列清单的时候，不会只写下当天要做的事情，还会把时间节点也写出来。这样，如果做事速度太慢，眼看规定时间快到了，就会提醒自己加快速度，效率比较有保证。给大家看一下我的每日清单：

表1-4　我的每日清单

时间	事务
8：00—9：00	写一篇公众号文章

续表

时间	事务
9：10—9：30	回复微信信息，安排助理工作，沟通合作，回答学员疑问
9：40—10：00	在微博、简书等平台上发布文章
10：10—11：00	点评学员作业
11：00—14：00	吃饭，睡午觉
14：30—16：30	看书，看剧，写课件或点评作业，任意安排一个
16：40—17：10	接孩子，顺便梳理一下第二天要写的东西

从这个表格中可以看到，我主要的工作就集中在上午的3个小时内。而且，这些是每天必做的工作，哪怕出门在外，也得抽出时间做这些事情。下午的时间就比较自由，完全算不上是工作时间。

这样列清单的好处是，每天的工作都特别清晰。我一般是晚上列好，想好第二天要做什么，写出来，白天按照这个表格去做就好了。列清单的方式看个人习惯，可以在手机上、电脑上打出来，也可以拿张纸拿支笔写，怎么方便怎么来。

有时候我会偷懒不列清单，但一旦发现工作比较多，效率有所降低的时候，就会重新去列。这件事情不用给自己太大压力，需要的时候用，工作量很少的时候不用也没关系，没有压力，精神状态也会更好，会觉得更轻松。

习惯二：工作要有规律

习惯是非常好的一件事，不管你做什么，养成习惯，效率就会很高，人也会很轻松。就像吃饭睡觉一样，习惯了到点儿就吃饭，到时间就睡觉，就不会觉得痛苦，反而觉得很轻松。那么，怎么养成习惯呢？

在固定时间点做固定的事情。从我的时间表上就能发现，我的写作时间是 8 点到 9 点之间，这几乎是雷打不动的。久而久之，这就会形成一种条件反射，早上吃完饭，打开电脑，第一件事情就是写作。这种安排会使自己的思路特别清晰，整个人的状态特别好。如果哪一天没有素材写不了，或者被其他的事情耽误了，整个人就觉得不对劲。因此，除了特殊情况，一般情况下，我都是先写完文章，然后再做其他的事情。我建议所有人都可以将写作时间固定下来，这样在形成条件反射以后，你就会觉得很轻松，而且特别容易进入状态，效率会非常高。

这段固定的时间最好比较完整，不易被打扰，而且你自己在这个时间段内精力也比较充沛。比如我，早上孩子去上学了，老公去上班了，因此家里会比较安静，而且这段时间我的精力又比较旺盛，因此我就选择了用这段时间来写作。

习惯三：保持专注

很多人在写作的过程中精神没有办法高度集中，因为会受到各种干扰，比如，有人在微信中要求视频聊天，QQ有消息提醒，这种时候，你可能总忍不住想去看一下。或者，刚写了几个字，觉得写不下去，于是就停下来翻翻朋友圈，到各个网站上去逛一圈，看看读者留言。有时候资料准备得不充分，写一篇文章要用到的数据或者素材没有提前准备好，因此在写作的过程中必须要去网上搜索。结果不知不觉又被搜索结果中很有趣的东西吸引，一看就是一个小时。这样一来，思路被打断，想要重新进入状态就很难，一篇文章往往半途而废。

这样反复几次以后，你的自信心就会受到特别大的打击，会开始畏难，并觉得写作真是一件艰难的事，自己或许并不适合写作。这种情况怎么办？

如果你控制不住自己，最好的办法就是断网。我每次写作的时候，都会关闭微信和QQ，更不会打开网页，甚至有时候还会把手机放在另一个房间。这样就没有任何东西可以打扰我，自己也很容易静下心，并以最快的速度把一篇文章写完。

这个方法我分享给很多人，其中包括一些从事新媒体写作多年的作者，他们都说非常好用，效率真的提高了很多，时间一下子就变得够用了。

写作，最重要的就是写出来，有内容，才有变现的可能。如果写作消耗你太多的时间，会让你很疲惫，没有精力和时间做其他的事情。因此，你必须集中精力，以最快的速度写完。

习惯四：先完成，再完善

很多人在写作的过程中，喜欢不停修改。刚写完一段，在准备写下一段时，他就会习惯性地把刚开始写的从头看一遍，看完了觉得这里不对，那里也不对，于是去修改。等修改完了，时间已经过去了半个小时。周而复始，一篇文章写完，花了几个小时的时间。这种方式会让自己的写作速度非常缓慢，特别有挫败感。这真的很浪费时间，而且有时候越改越觉得自己写得烂，越改越没有信心写下去，常常写了一半写不下去了。

其实，你完全可以一鼓作气把文章写完，然后再回头修改。这个时候，文章完结了，你心里比较有成就感，因此会比较放松，这样修改起来就不会那么痛苦，而且花的时间也不会那么长。因此，写第一稿的时候，请忘掉你的删除键，不要一边写一边回头修改。

习惯五：别凑合

这里主要指的是硬件设施，比如一个灵敏的键盘，一个好用的鼠标，一个内存比较大的手机，这些都能够让你提高效率，节省时间。

这一点我自己深有体会，之前我用过一个内存小的手机，每次回个信息都要等好久，整个人特别崩溃，更别提工作效率了。后来换了一个内存大的手机，运行速度超级快，速度一下子就高出很多，时间也一下子变得够用了。

并不是说要用多么好的东西，而是在能力范围内，尽量用好一点的。如果手机屏幕破了或键盘有几个键完全不起作用，这样不但影响心情，也会降低效率。磨刀不误砍柴工，其实就是这个道理，好一点的硬件设施可以让你花更少的时间做更多的事，还是挺划算的。

第二章

策划：爆款文章是打造出来的

量级：选题决定文章的影响力

下面这几篇文章，选出两篇你最想看的。

- 《尽管她纵酒、不育、离婚、嫁错人，却是我最欣赏的女人》
- 《我们都被〈那年花开月正圆〉中的周莹骗了》
- 《怎样培养一个好老公？记住这一句话就够了》
- 《家乡的小河真美啊》
- 《女孩晚上尽量不要一个人出门，太可怕了》

我敢保证，你不会选第四个。因为你不太可能对它感兴趣。如果是这样的选题，可以想象，不会有多少读者感兴趣。哪怕文笔很好，写得超级用心。

这就像谈恋爱，你使出浑身解数想要引起对方的注意力，从着装到说话的语气，全都无可挑剔。你以为，只要往对方面前一站，对方就会被牢牢吸引，目不转睛地盯着你看。可是，如果对方根本不喜欢你，不管你多么努力、多么用心，别人也将无动于衷。然而，如果有一个其喜欢的人从面前走过，哪怕人家穿着打扮很普通，说话也没那么好听，但是其还是会多看几眼，甚至会细细品味。

写文章也是一样，如果你的选题是读者根本不感兴趣的，那么，不管文笔多好、写得多用心，读者也懒得看一眼。选题是读者喜欢的，后面操作起来自然会轻松很多，因为有这个基础在，只要写得合格，读者有很大概率会喜欢。如果选题是读者不喜欢的，还没动笔就失去了读者基础，即使后面写得很好，读者不喜欢的概率会很大。因此，选择一个读者喜欢的选题，会让文章更容易在海量的文章中脱颖而出。

先解释一下什么是选题，选题即一篇文章的写作方向，你是写热点事件，写人物故事，还是写方法技巧，要有一个大致的规划，这个规划，就是选题。

你可能要说：我每天都会想到很多选题，这些选题像泥鳅一样在脑海里跑来跑去，一会儿觉得A可以写，一会儿觉得B挺好的，一会儿又冒出来一个C，到底要选哪一个呀？

方向一：新奇性

天体物理学家马里奥·利维奥曾经写过一本书《我们为何如此好奇》，在书里，他把好奇心分成几种，比如知觉性好奇、知识性好奇等。当人类对某些事情感到惊讶，或者这些事情不符合其固有的认知时，人类就会产生知觉性好奇。产生知觉性好奇后，人们很想找到答案，缓解心中的这种好奇。如果一篇文章能让读者产生好奇，那么他们就更愿意打开阅读。

一般来说，新奇的题材，更容易激发读者的阅读兴趣。问题是，怎么判断一个题材是不是能让读者产生阅读兴趣呢？有如下几个标准。

曝光度，喜新厌旧是人的普遍特点

被曝光的次数越多，读者越不觉得新鲜。

- ❖ 一个人非常努力，最终取得了成功，得到了自己想要的
- ❖ 一个人并不怎么努力，却取得了成功，得到了自己想要的

这两个选题，你选哪一个呢？

如果你不知道怎么选，就去看曝光度。第一个选题，我小学的时候就看过，中学的时候看过，毕业以后也看过，到现在依然时常会看到，它的曝光度非常高，几乎人人都看到过不止一次。然而，第二个选题，很多人没有看到过，它的曝光度非常低。再例如，同样是写一个大家感兴趣的人物，一个是关于他的爱情，一个是关于他的友情。爱情很多人写过了，读者也看过多次，堪称经典，而友情很多人都不知道，也很少有人写过。这种情况下，如果写这个人物的爱情选题，虽然经典，但是并没有多少新鲜感。如果写友情的选题，也许不那么经典，但是因为曝光度低，就会更吸引人。

反差，刷新人们的陈旧认知

现在有两个人物故事摆在你面前。

- ❖ 一个故事的主人公经历曲折，又穷又丑，却成了超模

❖ 一个故事的主人公是白富美，脸蛋漂亮身材好，也成了超模

你觉得哪一个选题更奇特呢？肯定是第一个，漂亮的白富美当模特在很多人看来是顺理成章的，没有什么好奇怪，漂亮的白富美过得不好才奇怪。相反，对于一个又丑又穷的人当模特，人们就会觉得不可思议，想知道她到底是怎么做到的，毕竟模特这个行业是要看长相的。

在很多人看来不可能的事情，最后却成了事实，这就造成了一种反差，能够勾起读者的好奇心。我曾经看到一篇文章《张爱玲到死都是百万富翁》。以前大部分关于张爱玲的文章，都会花费很多笔墨描写其晚年多么凄凉，多么穷困潦倒。因此，很多人就形成了一种认知，觉得张爱玲很穷。这篇文章却说张爱玲是百万富翁，这就跟我惯有的认知形成了一种反差，思及此，第一时间勾起了我的好奇心，让我迫不及待地点开阅读。

当然，这件事情的曝光度也是很低的，之前没有被人写过。如果已经被很多人写过，就算有反差，也很难勾起好奇心了。因此，选题符合一个标准算合格，符合两个或两个以上的标准就比较优秀了。

当下，尽量在时间上与读者贴近

一个事件发生的时间和现在越接近，则选题越新鲜，读者越容易好奇。例如：

1. 一位作者写自己小时候的事情，小时候自己怎么调皮，爸爸妈妈怎么宠爱自己，老师是怎么对待自己的。

2. 一位作者写自己这几天遇到的一些事情，比如爸爸妈妈打电话叮嘱他照顾好自己，向他讲了一些老家发生的事，他因此对生活有了一些新的思考。

如果你是读者，你愿意看哪一篇文章呢？大多数人肯定会选择第二篇。

因为小时候发生的事情过于久远了，时代背景跟现在已经完全不一样，读者很难产生代入感，自然也就不喜欢、不好奇。一件事情，如果发生的时间过于久远，很多人就没什么兴趣，而如果是刚刚发生的事情，读者就会兴趣盎然。

因此，在确定选题的时候，尽量选择那些时间上离现在比较近的，这会让整篇文章看起来都透着一股新鲜的味道。当然，如果你的选题符合其他几个标准，另外一些标准就可以忽略不计。

方向二：实用性

读者在繁忙的工作之余，还愿意抽出时间去看一篇文章，到底为了什么？当然是希望从文章中获得一些东西。大多数人的阅读，是为了满足知识性好奇，也就是把看文章当作一种学习方式。

因此在挑选题的时候，要尽量做到对读者有用。要让读者看过以后，能够得到收获，甚至能够将这些收获用起来。这样你的文章才有传播和收藏价值，才更容易让读者认同和信任你。

那么究竟哪些方面的内容对读者有用呢？

观点，引发读者的强烈共鸣

有些人可能觉得不能理解，一个观点对读者能有什么用？

有一次跟一位读者聊天，她说，非常感谢自己看过的那些文章，改变了她的思维方式，让她学会了怎么提升自己。她还举了一个例子，《越是不懂得爱自己的人，越对别人苛刻》这篇文章主要在讲一个观点：一个人要懂得爱自己。当你不爱自己时，就会觉得委屈，为自己不值。你会认为自己付出了那么多，其他人居然不感恩戴德？他们都是白眼狼！因此不知不觉就容易对别人苛刻。

她看过以后特别有共鸣，因为她就是一个对别人很苛刻的人，而且正如文章中所说，她也不懂得爱自己，经常苛待自己。时间长了，她的心里就会充满怨气，并忍不住对身边的人发火，对他们要求苛刻。看了这篇文章以后，她决定彻底改变一下，对自己更好一些。之后，她发现自己的心态确实好了很多，没有那么多怨气，自然对身边的人也没那么苛刻了。

一个观点提出来，让读者看完了能够用到自己身上，这样的观点对读者来说，就是有用的。例如：

❖《过得好的人，都懂得不做“好人”》

❖《关系越近越危险》

❖《聪明女人要的浪漫：让老公帮忙做家务》

这些观点，读者看完以后都能够马上用起来，改变自己与人相处中的问题。如果一个观点写出来，读者根本没法用，你就要想一想，是不是这个观点还不够接地气，是不是太笼统太不食人间烟火？要避免提出来的观点纸上谈兵。

经验方法，越接地气越好

有些作者会通过文章分享自己的经验方法，而简书比较欢迎这样的文章。之前在简书上火起来的作者，一般也都是以写经验方法类文章起家的，“剽悍一只猫”就是其中的代表。

这些经验和方法虽然是作者自己的，但是对读者来说有借鉴意义，他们看完了能够马上学会，甚至马上用起来，这样的经验方法就是有用的，就是好的选题。比如：

❖《我是怎么做到每天只工作三小时的》

❖《从不会写作，到一篇文章稿费上千，我总结了五点经验》

❖《关于租房，公司在哪儿，我就租到哪儿》

不用担心自己是普通人，方法经验不够好，很多时候，读者更愿意看普通人的经验和方法，因为更接地气，更实操。

很多明星的美容方法是吃燕窝，用高档化妆品，普通人对于这样的方法面临着很高的门槛。普通人的美容方法更容易操作，读者就会更感兴趣。

知识点，全新的社交通货

前面讲过，人都有知识性好奇，希望自己学到更多的知识，因此带有知识点的文章会比较受欢迎。显然，对读者来说，知道的知识越多，就越知道要做什么，以及怎么做。比如：

❖《防晒和不防晒的区别，居然有这么大？》

❖《体检不做这个检查，得了癌症都不知道》

第一篇文章讲防晒的知识，第二篇文章讲体检的知识。对读者来说，它们都非常有用，自然会受欢迎。公众号“丁香医生”就主打这类包含大量知识点的文章，并因此获得了大量读者的关注，成为新媒体里的一个大品牌。

可能你要疑惑了，不管是观点、经验方法还是知识点，都是无穷无尽的，怎么保证所选的就对读者有用呢？万一读者看完觉得没用呢？给大家介绍两个简单的判断方法。

以人群判断。你分享高考经验，对正要经历高考的读者来说就比较有用；分享育儿经验，对妈妈们来说就比较有用。然而，如果你分享怎么跟蚂蚁对话，那么可能就没有对应的阅读人群了，因为对大多数人来说，这都是没用的。因此，在动笔写之前，可以先检查一下，自己分享的东西，有没有对应的阅读人群，并且这个人群的基数越大越好。人群基数决定了你的文章有多少人感兴趣。

例如《防晒和不防晒的区别，居然有这么大？》这个选题，女性读者，特别是年轻的女性读者，就会比较感兴趣，同时这是一个基数很大的读者群体。《体检不做这个检查，得了癌症都不知道》几乎所有的成年人都会感兴趣，尤其是上了年纪的人，这个读者基数也非常大。

以实用性判断。你分享的经验和方法，最好是目标读者能够借鉴的。同样是分享对妈妈们有用的育儿经验，你的方法和经验操作性越强，越实用，读者会越喜欢，因为他们看了就能立即学起来，学了就能看到效果。

相反，如果你的方法和经验有很多的限制条件，比如一定要在某个特定环境里，一定要有多少钱，或者做这件事的人必须有高学历，那么大多数目标读者看过以后没有办法拿过来用，那么这篇文章只是看上去有用，实际上并没有多少用，这种"伪实用"的东西，读者会有一种上当受骗的感觉，不会主动传播，这样的文章，自然也不容易成爆款。

你的文章对读者越有用，读者越喜欢，越愿意传播。

方向三：热点性

有两个电视剧，一个特别火，身边的同事、朋友都在追，网络上也能经常看到与此相关的文章。另一个却很少有人提起，不但身边的人不看，网上也看不到关于这部电视剧的讨论。

这个时候，你会选择看哪一个电视剧呢？大多数人都会选择看有热度的那一个。

有两篇文章，一篇写的是很多人关注的话题，另外一篇的话题几乎没有人关注。不用怀疑，大多数读者都会选择看有热度的文章。刷爆各大平台的爆款文，有一大部分都是和热点相关的。新媒体写作，一定要学会寻找有热度的选题，它可以概括为以下几个方面。

社会焦点，天然的流量之源

互联网时代，热点事件几乎每天都在发生。今天一部电视剧火了，明天一部电影刷屏了，后天一个社会事件引起了很多人的关注。热点事件往往都自带流量，如果你能抢先写出来的话，肯定会获得特别高的关注度，投稿也很容易过审。

我们写作班有位学员很擅长写热点，每次只要有热点事件出来，她都会在第一时间写好文章，并投到编辑邮箱。一般都能很快过稿，而且编辑会即刻回复。为什么呢？因为这是读者关注的话题，各个平台都想尽快发出来，对这类稿件就会优先处理。

主导性烦恼，努力去把握具有共性的问题

观察一下你身边的人，他们经常为哪些问题烦恼？

我自己隔段时间会看一下公众号后台，发现经常有读者留言提问。如果一段时间内，一个类似的问题被反复提及，就会引起我的注意。我会到网上查询一下，或者问问身边的人，看是不是有很多人都在为此事烦恼。如果答案是肯定的，这就是我要找的文章选题。

因为教写作，我接触了很多喜欢写作的人，他们经常向我抱怨，说身边的人不喜欢自己写作，各种冷嘲热讽。因此，他们往往不愿让别人知道自己在写作。既然这是很多人的烦恼，不是个例，那么就可以作为文章选题。于是我写了一篇《写作让身边人不爽怎么办？》

其实每个人都有很多的烦恼，当很多人有同一种烦恼的时候，这种烦恼就是有热度的，就可以考虑写这样的选题。比如毕业季很多人的烦恼是找工作，春节时很多人的烦恼是被家人催婚，这个时候，这些烦恼就自带流量，把它写成文章，关注度就会比较高。

方向四：情绪性

情绪，是对人主观认知经验的统称，包括喜、怒、哀、乐、惊讶、恐惧、自豪、焦虑等。人的很多情绪是相通的，同样的一件事情，大多数人的感受都差不多，比如一件让人愤怒的事，很少有人会觉得开心。

当一篇文章能让大多数读者与作者在情绪上形成共鸣，读者就会更认同你的观点，并且更愿意去传播。因此，选择那些引发读者情绪的选题，通常能起到事半功倍的效果。

爽，让读者开心很重要

段子一直很受欢迎，甚至有些段子不那么高明，但依然受欢迎，就是因为段子能够让人感觉很开心。读者平时要工作、学习、应付各种人际关系，忙累了一天，很希望看几篇轻松搞笑的文章调剂一下。写新媒体文章，就可以选择那些比较幽默搞笑的选题。例如，《这些朋友圈大神是你吗？哈哈哈哈哈哈哈》描写的就是朋友圈里特别搞笑的事情，让人读完后忍不住大笑。

那些逆袭励志类的文章，也能使读者感到爽。例如《她贫穷、抑郁、离婚、远嫁，却活出了所有人羡慕的样子》，这篇文章中，主人公刚开始活得很不好，甚至有些倒霉。然而，她通过自己的努力，最后过上了让很多人羡慕的生活。读者读完就会觉得比较爽，因为主人公达成所愿了。

自豪感也能让人感到爽。例如《千万别惹中国外交官》，这篇文章挑选了外交官展现风采的时刻，读者看到国家变得越来越强，外交官们这么睿智、这么有底气，会觉得特别自豪，这样的文章就激发了读者的民族自豪感，看完觉得神清气爽，特别愿意传播出去。

愤怒，让读者通过感情凝结在一起

例如《气炸了，追我的男生约了我两次被拒绝，到处骂我是绿茶》，这个男生的做法让人特别愤怒，读者看到相亲居然遇到这么奇葩、颠倒黑白的人，愤怒的情绪很容易被激发。

我曾经写过一篇《母亲面试时幼儿坠亡：比事件更痛心的，是某些人的评论》。起因是我在网上看到一位母亲，面试时带了自己的孩子，公司员工帮忙照看了一会儿，结果孩子坠楼身亡了。本来这是一件很悲伤的事情，但是在看网民评论时，我特别生气，于是就写了这篇文章。

评论里很多人没有表达对母亲的同情，反而指责她带孩子就别出来找工作，是个不合格的妈妈，女人就应该好好待在家里带孩子，等等。可是仔细想一想，面试这么重要的事情，妈妈还要带着孩子，是不是因为家里没有人带？妈妈之所以出来找工作而不是待在家里看孩子，是不是因为生活所迫？有些网友的指责实在太莫名其妙了，可以说完全是对妈妈们的打压和歧视。

于是我写了一篇文章，为这位妈妈鸣不平，也为所有在孩子与事业中找平衡的妈妈们鸣不平。这些评论真的让人很愤怒，妈妈们平时遭遇的那些不如意也让人很愤怒，因此这篇文章就引发了读者共鸣。大家看完以后纷纷留言，并且很愿意传播，想让更多人看到妈妈们的委屈。

悲伤无奈，同理心是所有人的天性

有些事情特别悲惨，但是又没有很好的办法去解决，这个时候，人们的悲伤无奈的情绪就容易被激发。

例如，一位妈妈独自带着孩子，又要工作，又要负责孩子的吃喝拉撒，还要照顾年迈的父母。有一天发现自己病了，而且是很难痊愈的病，要花好多钱。她害怕治疗以后，钱花完了，自己也没有好起来，孩子和父母怎么办呢？于是她把生病的事情隐瞒了下来，并且默默做了很多准备，以保证自己去世后，父母和孩子不会过得太差。然而，在她去世后，父母和孩子都很伤心，他们更希望她陪在身边，哪怕一无所有。这是一件让人很悲伤的事儿，但同时也很无奈。

再例如，一位刚入职场的年轻人，工作刚刚有了起色，父母却在这时生病，需要人照顾，也需要花很多钱。男朋友知道后，不但没有一起承担，还提出了分手。同时，她自己也面临着两难的选择，到底是辞掉工作专心照顾父母，还是好好工作赚钱为父母治病呢？无论哪一种选择都很难，她的遭遇让人很悲伤，但同时又很无奈，很难找到两全其美的解决方法。这种悲伤和无奈的情绪，会感染很多读者，让他们在这篇文章上面驻足和传播。

感动，每个人内心都有柔软之处

有一篇爆款文，标题是《谢谢你爱着我》，这篇文章有几千万阅读量，几万人转发，算是现象级爆款。文章中描写了很多让人感动的故事片段，还有一些很煽情的句子，读者看了会因为感动而忍不住掉眼泪。人在感动之余，会选择点赞、留言、转发，也会对这篇文章印象很深刻。

我当时看到这篇文章也被感动了，那些片段虽然很微小，但是真的很温暖很感人，也难怪会成为超级大爆文。

一般来说，和亲情、爱情等各种感情相关的选题，更容易调动读者的感动情绪。

引爆点：切入角度决定文章的精彩度

有位刚开始学写作的作者，每天都在寻找选题，但是一周过去了，她一篇完整的文章都没有写出来。她特别痛苦地说：我有一肚子的选题，可是为什么总是写不出来呢？有时候写到一半，觉得跑偏了，或者觉得写得太烂，没有信心了，只能放弃。这样的情况你有没有遇到过？

有些人明明收集了一箩筐的选题，可就是无从下笔，好不容易逼自己坐下来写，可又常常写了一半写不下去。在这种情况下，很多人会怀疑自己的写作能力，也会特别有挫败感。其实，不是写作能力的问题，也不是文笔的问题，最根本的原因，还是角度没有选择好。

同样的一个选题，有些角度非常好写，读者也愿意看，而有些角度非常难下笔，即使写出来，读者也不一定喜欢看。因此，要挑选那些自己写起来方便，同时读者也喜欢看的角度。

窍门一：角度越小，越锐利

很多人写作时，很有雄心壮志，想要文章写得大气磅礴，各种想法都加入进去。他们往往会选择非常大的角度，恨不得一篇文章就把所有问题都说清楚讲明白。

可是新媒体文章都有字数要求，一般的文章都在 2000 字左右，太长就会影响阅读体验。这么短的篇幅，想要讲清楚一个观点，就需要寻找小的角度切入。切入角度越小，写起来越容易，也越能把观点表达清楚。

以“与人相处”这个选题来举例，看看切入角度大和切入角度小的区别。

- 如何与朋友相处
- 不占便宜，是朋友间最好的相处方式

现在请你想一下，这两种不同的选题，分别要怎么写？

从“如何与朋友相处”这个大角度切入，那么可写的东西就太多了，随便罗列一下，就可以包含以下几点：

- 和朋友相处要真诚
- 和朋友相处要经常帮忙
- 和朋友相处要互相称赞
- 和朋友相处要护短
- 和朋友相处不要露富

你可以用笔在纸上写一下，还可以邀请身边的人一起写，看看到底能写出多少条。如果你积极去想象，肯定能写出 20 条以上。这么多条，怎么装进自己的文章里呢？挑一两个写，给人的感觉是写得不够全面，比如写“与朋友相处要真诚，要经常帮忙”，读者就会觉得你没有写完，还可以互相点赞呢，还可以没事不打扰呢，你怎么不写？你这篇文章也太片面了吧？

可是如果全部都写完呢？估计要写一本书，一篇 2000 字的文章根本容纳不下。这样你写起来就很困难，不知道从哪里下笔，而且也很难写好。这就是切入角度太大的弊端。

如果从“不占便宜，是朋友间最好的相处方式”这个小角度切入，需要写的东西就明确多了，除了“不占便宜”这一条，其他的东西都不用写。不管你在文章中讲故事也好，讲道理也罢，都只围绕“不占便宜”这一个点，把它讲透，讲得让读者认同就好了。这样是不是一下子就有了目标？一下子就知道怎么写了？

切入角度太大，就像拿着一支枪到林中打猎，想把全林子的鸟都打下来，结果就不知道往哪儿打，或者打了这只，漏了那只。然而，如果切入角度小，就是只瞄准一只鸟，目标明确，很容易命中。

因此，在选择切入角度的时候，一定要尽可能地小，小到不能再小，这样写起来就会比较容易，主题也会比较明确，不会出现写了一半发现跑偏的现象。

那么，怎么确定自己所选的角度是不是足够小呢？我教给大家一个方法，叫剥蒜法，就是把一个选题层层剥开，直到剥出最后一层。像图 2-1 这样：

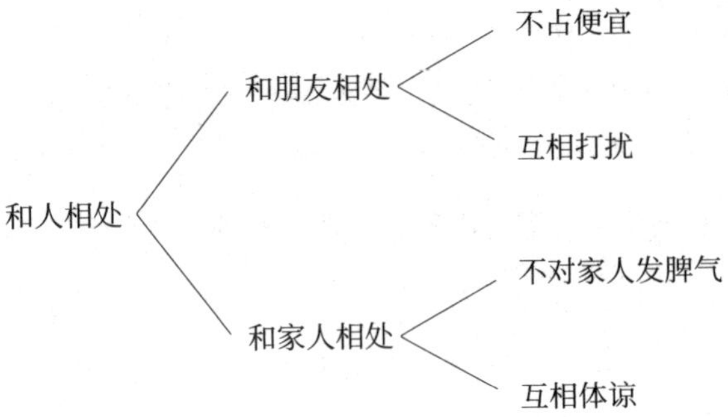

图 2-1“剥蒜法”示意图

从图 2-1 中可以看到，“和人相处”这个选题可以剥下很多层，比如和家人相处，和朋友相处，和生意伙伴相处，和陌生人相处，和上司相处，和同事相处，等等。然后你还可以继续剥，“和家人相处”也可以剥出很多层，比如不对家人乱发脾气，家人之间要互相体谅。等等。再接着往下看，“不对家人乱发脾气”还可以再剥吗？剥不出来了，那就说明这个切入角度足够小，这个角度就是可以用的。你就可以写一篇《不对家人乱发脾气，是和家人相处的最好方式》。

窍门二：角度越新，越引人注意

前面我一直在强调，要选择新鲜的选题，然而，只有新鲜就够了吗？当然不是，每个热点事件出来，都有很多人写，但是大多数人写的都是老生常谈的观点，只有极少数文章会找到独特的切入角度。这样的文章就会让读者眼前一亮。因此，不光选题要新鲜，在选择切入角度的时候，也要出新。想要找到新颖的切入点，有几个比较实用的方法。

逆向思维，反其道而行之

电视剧《三生三世十里桃花》热播的时候，其男主角“夜华”人气很高，大多数观众都觉得他深情，对他很倾慕。当时，有很多人写了跟这部电视剧相关的文章，不过，只要写到“夜华”的，观点都大致相同。这些文章都认为他是一个非常好的男人，女主角“白浅”非常有福气。还有很多人为他们三生三世的爱情深深感动，恨不得自己也遇上这样的好男人，也演绎一场三生三世的爱情。

作家晚情在这个时候写了一篇《为什么我说“夜华”不值得嫁》。在文章中，她辨析了“夜华”一些看似深情实际上很不负责任的行为，认为他并不是最佳丈夫人选。结果这篇文章在当时引起了很大的轰动，不但公众号上的阅读量很快过了 10 万，还上了微博热搜。

反其道而行之也叫逆向思维。就像一条人潮汹涌的马路，别人都朝一个方向走，你朝相反的方向走，肯定就会特别引人注目，能最快地吸引别人的注意力。写文章也是一样的，别人都从那个角度写，你偏偏从相反的角度写，这样的文章，很容易引起读者的关注。在使用这个方法时，需要注意两个问题：

持同一个观点的人数足够多。如果大多数观众并不喜欢《三生三世十里桃花》里的“夜华”，话题度一般，那么写“‘夜华’不值得嫁”，大家就不会特别关注，因为本来也没有多少人认为“夜华”值得嫁呀。

不要为反对而反对。二胎政策刚放开时，很多人写文章表示不想生二胎，有位作者反其道而行之，写了一篇《所有女人都应该生二胎》，结果这篇文章让很多女性读者很不适。不想生二胎的人足够多，为什么反其道而行之的文章不被读者喜欢呢？因为太武断，完全站不住脚。因此，不要为了反对而反对，即使是反对，也要合情合理，观点也要有足够的说服力。如果做不到，宁愿不要反对，不然文章写出来会有很多硬伤。

反义词，矛盾中蕴藏的力量

温柔和粗暴是一对反义词。漂亮和丑陋也是一对反义词。既然是反义词，大多数情况下，它们就是对立的。一个人非常粗暴，就不可能同时温柔。一个人很漂亮，那就不可能同时丑陋。

如果有人告诉你，有一个人既温柔又粗暴，既漂亮又丑陋，你的感觉会如何呢？你的好奇心肯定会因此被激发出来，想知道那个既粗暴又温柔、既漂亮又丑陋的人到底是什么样子。写文章时，如果能找到反义词，并且把它们组合在一起，这样的角度自带新颖属性。

例如作家艾小羊的一篇文章《为什么穷人家的富二代特别多》，穷和富是一对反义词，但是它们同时出现在一篇文章里，就会让读者觉得好奇，为什么穷人家还会有富二代呢？这太不可思议了。

作者这篇文章就是抓住了家庭穷，但是孩子却一个劲儿富养，养成了很多富二代才有的毛病，从这个角度去切入，让人眼前一亮。当时我看到这篇文章，就预感它一定会成为爆款，真的角度太新颖了。果不其然，很快这篇文章就爆了，被很多平台转载，影响很大。

把握潮流，让自己的观点“潮”起来

你觉得哪篇文章更新颖呢？为什么？

- 儿女不听父母话就是不孝
- 做“妈宝男”是对父母最大的不孝

大多数人会觉得第二篇文章更新颖，因为这个观点是与时俱进的。这个时代很多女孩子都不想嫁“妈宝男”，觉得“妈宝男”没主见，在一起很难把生活过好。第二篇文章的观点紧跟潮流，自然就比较新，读者比较喜欢。第一篇文章的观点有些过于陈旧了。

写文章时，最忌讳的事情就是陷于固有的思维方式，因为它很容易过时。你必须了解新时代读者的想法，才能够找到与时俱进的切入角度。一个写作者怎么去了解最新的观念呢？可以通过以下这些渠道：

多和潮人交流。身边总有一些人特别新潮，他们做的很多事情，可能你都不理解。这个时候千万不要屏蔽他们，而是想办法和他们交流。你会发现，他们的很多非常新潮的想法，会让你觉得很震撼，很新颖。如果你把它写成文章，就极有可能成为爆款。

心态要开放。遇到自己不理解的人和事，不要急着否定，而是试图去了解一下。往往在这个过程中，你会发现很多新鲜有趣的事情，这也是一种打开思维的方式。比如我家孩子看的电影和我完全不一样，我没有阻止她，而是陪着她一起看。虽然有些电影看不懂，但也对它有了一定的了解。

多看别人的文章。多看，你才能知道，哪些观点是被别人写过多次的，哪些观点是从来没有看过的。这样才能保证写出来的文章不会太老套。

窍门三：内容越轻，越容易传播

有时候你看到一篇爆款文，会忍不住吐槽：天啊，这篇文章太简单了吧，这样也能爆？很多人之所以写文章，也是因为看到别人写的，觉得好简单，自己也能写，然后就真的动笔去写了。我研究过公众号上的一些爆款文，发现大多数都有一个显著的特点，就是主题非常简单。例如《经常吵架的家庭，大多数都穷》，看这个标题是不是就觉得超级简单？一秒钟就能知道作者想表达什么。事实上，这篇文章就是告诉读者，不要动不动吵架，吵架会牵扯太多精力，让你没有时间好好工作，会因此少赚钱。只要会识字，就不会看不懂这篇文章。到各大平台去看一看就会发现，那些比较爆的文章，主题都非常简单，比如：

❖《不抱怨，你就赢了》

❖《最好的情绪，要留给最亲的人》

❖《世界上最幸福的事，就是一家人在一起》

这些文章读者只看一下标题，就知道到底要讲什么。这样作者写起来容易，读者看起来也毫无障碍。主题是否简单的最重要的衡量标准就是，别人看了能不能秒懂。如果看了还要思考两分钟才明白你在表达什么，这样的主题无疑是失败的。例如：

❖《再等一片云，就远行》

❖《这座城市的风很大，孤独的人总是很晚才回家》

❖《结婚后遇见的真爱，调情却不放纵》

对于这样的文章，读者就会感到莫名其妙，不知道作者到底想说什么。可能会在标题上停留很久，才能够大概理顺作者要表达的意思。

这就是主题太复杂，不好懂。这样不会显得深奥，只会让读者跳过这篇文章，对于看不懂的东西，大多数人是没有兴趣看的。在找切入点时，如果不知道它是不是简单好懂，可以把你想到的主题写出来，发给身边的人看看。如果他们表示看不懂，或者每个人的理解都不同，那就说明切入点选的不好，不够简单好懂。相反，如果没有人有异议，都能一眼看懂，那就是一个好的切入角度。

窍门四：受众越明确，越容易引爆

有位学员开了一个情感类公众号，读者大多数都是年轻人，年龄在 25 ～ 35 岁之间，她写了一篇文章《爸爸妈妈，请你们不要再被卖保健品的骗了》。看标题，这篇文章并没有什么问题，确实有很多父母被卖保健品的人骗了，能够引起很多子女的共鸣。然而，整篇文章，她都在告诉父母要怎么做，要怎么才能不被骗。

有人要说了，这也没错呀？是的，看上去没错，可就是忽略了一点：受众群体。因为她的公众号是情感号，读者大多数是年轻人，写父母要怎么做，年轻人会觉得跟他们无关。转发给父母看吧，父母还不一定愿意看，毕竟老年人有自己的阅读渠道。

结果这篇文章反响很平淡。新媒体文章，一般都有固定的受众群体，同样一个选题，受众人群不同，需要的切入角度也会有所不同。是写给年轻人看的，就要站在年轻人的角度，让年轻人学到东西，引发年轻人的共鸣。比如这位学员的文章，如果她不是告诉父母应该怎么做，而是告诉儿女应该怎么做，效果就会好很多。因此，在选择切入角度的时候，你一定要把受众群体也考虑进去。可以从三个方面来考虑：

年龄，岁月改变着人们的关注点

读者的年龄决定了他们喜欢看什么样的文章，同样是一个关于亲情的选题，如果是写给年轻人看的，可以从“怎么不被父母催婚”“怎么说服父母支持自己”这些角度去写。如果是写给老年人看的，则可以从“怎么做一个不讨儿女嫌的父母”“怎么不和儿媳女婿闹矛盾”这样的角度去写。

同样的题材，不同的切入角度，抓住的就是不同的读者群体。一个平台上明明年轻人多，你偏要写老年人关注的话题，结果肯定会让你和读者都失望。在写文章之前，最好了解一下各个平台的读者年龄，这会使你能选择更合适的切入点。

身份，不同的处境会面对不同的问题

读者的身份也决定了他们会看什么样的文章。一位孩子上中学的女性，不会去看《月子里有哪些营养美食》这样的文章，一位在家带孩子的全职妈妈，也不会去看《职场中，这样应对性骚扰》之类的文章。

同样是写美食，如果是写给新手妈妈看的，就可以从“月子里吃什么”“喂奶时怎么吃”这样的角度去写。如果是写给职场女性看的，就可以从“哪些食物缓解焦虑”“哪些食物能让人保持精力旺盛”这些角度去写。

不同身份的读者，对于同样的话题，关注的角度是不一样的。因此，在写文章之前，就要了解每个平台的读者身份，然后再选择合适的切入角度。这样就能保证写出来的文章正好是读者喜欢看的。

性别，男女之间有不同的思维习惯

读者的性别也很重要，男女的思维方式有很大不同，关注点自然也有很大的不同。同样是写恋爱技巧，站在女性角度写和站在男性角度写，文章就会不一样。站在女性角度写《用这一招追到男神》，女性愿意看，男性就不愿意。同样地，站在男性角度写《用这一招追到女神》，男性愿意看，女性则不那么感兴趣。

如果一个平台明明女性读者多，你偏要写男性感兴趣的选题，用男性喜欢的角度切入，结果肯定不会乐观，反之亦然。了解读者的性别，能够让你找到合适的主题和切入点，不至于写出来的文章读者不愿点开。

粘住：这样处理素材，更容易成爆款

经常有人说：我有很多的素材，都存在电脑里，分门别类。可是，这些素材那么零散，我完全不知道怎么用啊。看着这些素材，脑子里一会儿一个想法飞过，就是抓不住，更别说写成文章了。

寻找素材，对大多数写作者来说，并不是太难的事情，生活中、影视剧里、新闻里都有各种各样的故事、金句，这些都可以作为素材收集起来。关键是，怎么处理这些素材，能够让它从一个故事、一句话、一个不成熟的想法变成一篇爆款文章呢？

解决方法是：不要仅仅停留在想的阶段，可以拿张纸，把这些素材和你自己的想法简单写下来。只有写出来，你的感受才会更直观，放在脑海里很容易流失。例如：

❖ 七月与安生

❖ 女孩子走哪条路都苦

❖ 安稳

❖ 放飞自我

❖ 爱情

这是我看电影《七月与安生》时，看到的一些素材，以及脑海里飞过的一些想法，非常多，也非常杂乱，感觉和一篇文章的距离隔了千山万水。

很多人可能跟我一样，看到一部电影，或者看到一件事情，脑子里就会这样闪现出各种想法，一会儿觉得这件事跟安稳有关，一会儿觉得人应该放飞自我，一会儿又觉得爱情也值得说一说。各种想法在脑子里打架，始终也无法确定到底写哪一个，到底怎么写。

这个时候，就可以拿张纸，把这些想法写出来，这样它们就不会在脑子里飞来飞去了。可是，就算让这些素材和想法稳定下来，它们依然很乱啊，还是跟一篇文章没什么关系，怎么才能把它们转换成一篇爆款文章呢？

扩展法：思维发散的路径

布置房间的时候，如果只有一张漂亮的桌子，那么肯定太单调了。这个时候该怎么办呢？增加新的内容啊。这里加一把椅子，那边加一盏台灯。围绕桌子不断扩展，慢慢就把房间填满了。

写作也是这样，一个故事片段，一句话，一个想法，都可能是好素材。然而，它们实在有些单调，想要变成一篇2000字左右的文章，就需要扩展，增加新的内容。有些作家能通过一座坟，猜想坟里的人是什么样子，经历了怎样的故事，然后写一部几十万字的小说，用的就是扩展法。

这是处理素材时必不可少的方法，只要会扩展，哪怕只是一句话，也可以转换成一篇爆款文章。

就拿前面举例的《七月与安生》来说，当时看完这部影片以后，我捕捉到了一些素材，比如安生妈妈说了一句话："女孩子走哪条路都辛苦。"我觉得这句话很好，就在手机上记录了下来。

同时，在看电影的过程中，我脑子里还不断有其他想法，比如看到"七月"到处流浪，过得并不好，我就想"还是安稳些比较好"。看到"安生"过得很安稳；但日子也并不好过，我又想到“还是放飞自我好”。这些想法，每一个都让我很激动，感觉都能够作为一篇文章的主题。不过，它们就是简单的一句话或者一个想法，怎么才能写成文章呢？这个时候，可以选择扩展法。

比如我要把“女孩子走哪条路都辛苦”这句台词作为一篇文章的主题，就可以从这句台词里，扩展相关的内容，如图 2-2：

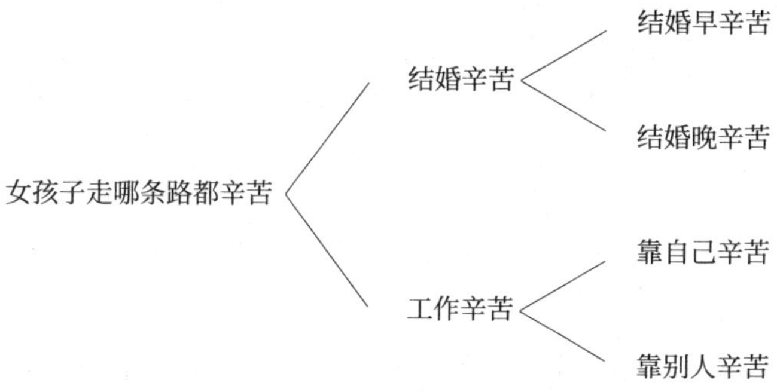

图 2-2　扩展法的使用示意图 a

写出来以后会发现，从“女孩子走哪条路都辛苦”这句话里，可以扩展出很多内容，结婚辛苦，工作也辛苦。结婚又包含结婚早和结婚晚，工作包括完全靠自己和靠别人。

这样扩展出来以后，再找到对应的案例，例如结婚早辛苦，就可以在脑海里搜索一下，身边有没有结婚早的女生，她们过的是什么样的日子？是怎样一种形式的辛苦？然后再想一下，身边有没有结婚很晚，但也很辛苦的女生？她们的辛苦又是一种怎样的模式？她们又会经历一些什么？同样地，工作靠自己和靠别人，都可以找到对应的真实事例。

只是通过一句话，就扩展出了两个方面四个小分类。然后，根据读者定位，或者根据素材的有趣与否，选择主要写结婚辛苦还是工作辛苦。如果选择写结婚辛苦，那么结婚早辛苦和结婚晚辛苦，两个真实的事例就可以用上，再加上与主题相关的观点和评论，一篇文章基本上就能完成了。我就是用上面的扩展法，选择了“结婚早辛苦”和“结婚晚辛苦”这两个点，写了一篇《女孩子怎样才能不辛苦》。

如果你看到一个素材，或者脑子里有一个想法，就可以用上面的方法把它扩展开，增加一些相关的素材。这样，一个素材慢慢扩展，最终就变成了一篇文章。有一次，一位读者给我留言，说她和一位同事关系不好，同事老欺负她，把自己的工作扔给她做，她一直忍让，怕撕破脸尴尬。结果同事得寸进尺，她忍无可忍，和同事大吵了一架，彻底翻脸。没想到，翻脸以后心里爽快多了，同事扔过来的工作再也不用管，领导还特意重新给两个人划分了工作职责。她说，从来没有想到，翻脸居然还能得到好处。我觉得这个故事很有启发意义，决定写一篇文章。通过这个故事，以及平时的一些所思所想，我确定了文章主题，表达“翻脸要趁早”这个观点。然后根据这个观点扩展相关内容，如图 2-3：

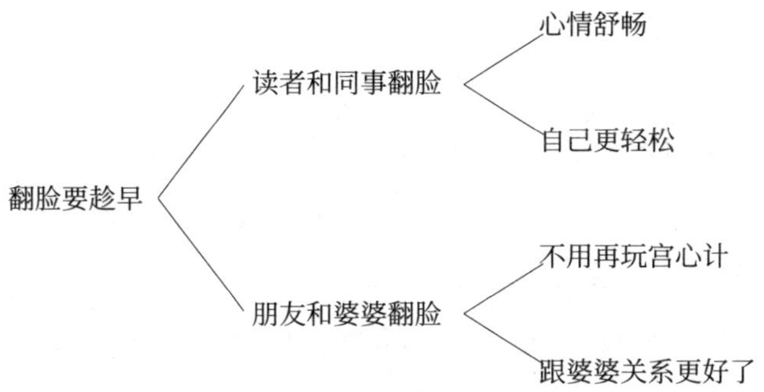

图 2-3　扩展法的使用示意图 b

根据“翻脸要趁早”这个观点，我扩展了两个素材，第一个素材早就有了，我只要根据这个素材，扩展出做这件事的好处就行了。这些好处，就是为了认证自己的观点。然后，我又通过身边人的一些故事，找到了第二个与主题相关的素材，朋友和婆婆翻脸。这次翻脸，也得到了两个好处，不用再劳心劳神地玩“宫心计”，而且跟婆婆的关系更好了。这些也在论证自己的观点。

通过读者讲述的一个故事，我扩展出了一个主题，又通过主题，扩展出了两个素材。现在，主题有了，素材有了，只要把它们写成文章就可以了。一句话也好，一个故事也好，都可以通过扩展法，把它变成一篇观点鲜明的文章。

总结法：整理思路的技巧

很多事情都需要总结，不总结它就是一团乱麻，但总结出来，一下子就会变得很清晰。有些素材也是这样，多而杂乱，单独的一个还无法扩展成一篇文章。这个时候，可以总结一下，把它们分门别类放好。整理清楚了会发现，这些整理好的内容，只要找一个统一的主题，就可以写成一篇文章。

以《红楼梦》为例，不管是书还是电视剧，里面都透露出非常多的智慧。有关于做人与处世的，有关于爱情的，有关于交友的，还有关于婚嫁的。从中找到任何一个观点，然后再根据这个观点去总结，就会发现能总结出很多道理来。以交友为例，可以总结出如下几点：

❖ 要真诚

❖ 不能取笑朋友

❖ 朋友有困难要帮助

根据总结出来的这三点，就可以写一篇《红楼梦里的交友之道，学会了受益一生》。

在前文中，我曾提到过，自己曾围绕某个热点事件的网民评论，写过了一篇文章《母亲面试时幼儿坠亡：比事件更痛心的，是某些人的评论》。当时的评论可以总结为 4 种类型：

❖ 妈妈不该找工作

❖ 妈妈不该生孩子

❖ 妈妈不该离婚

❖ 爸爸没有尽到责任

这样总结出来以后，发现有 3 个都是指责妈妈的，而且这些指责看上去都有点莫名其妙，让人特别生气。因此，我就根据这 3 种指责，写了一篇文章，以反驳这 3 种指责，让读者不要对妈妈太苛刻。最终，这篇文章得到了很多女性读者的认同，很多人觉得说出了自己的心声。至于第四个评论，因为跟我要写的主题不相关，完全可以忽略不计。处理素材时，要挑选合适的，不合适的可以暂时舍弃掉。

平时看到一部电影、一个热点事件时，如果你有很多想法，可以试着把它们总结出来。例如看一部电影，它里面肯定有很多观点能够触动到你，每一个观点都能单独成文，也可以把这些观点全部总结起来，然后写一篇文章。

我曾经在文章里写过，自己每天只工作 3 个小时，但却做到了以写作为生。很多读者看到以后，觉得我工作效率很高，纷纷留言向我请教时间管理方法。后来我就想，干脆写一篇文章分享自己的方法吧，因此，我先确定了选题“我是如何做到每天只工作 3 小时的”。

接下来要做的，我就必须给出方法了。这个时候，我就开始总结自己平时使用的一些方法，一条条地写出来，例如：

❖ 列每日清单

- ❖ 重要时段做重要的事情
- ❖ 同类事情集中做
- ❖ 提前做好准备

刚开始写的时候有些乱，想到哪条，写哪条，毫无逻辑，写了十几条之多。然后，再从这十几条里，挑选那些相对新颖，同时又比较好操作的方法，选 5 种左右，其他的划掉。然后，把这 5 种方法排序，可以按照重要程度排，也可以按照时间顺序排，即哪一个方法需要先做，就把那个方法排在前面。列每日清单对我来说是最重要的，而且是每天最先做的，因此我就把它排在第一个。以此类推，把 5 种方法全部排好。现在，选题有了，素材有了，我只要坐下来，把这些方法填充完整，就是一篇干货满满的文章。

叠加法：思绪整理的门道

你在积累素材的过程中，一定会给素材分类吧？比如情感类放在一起，励志类放在一起，感人的放在一起，搞笑的放在一起。

当同类型素材积累得足够多时，只要从它们中间提炼出一个主题，再把各种素材叠加起来，就能立即写一篇文章出来。《谢谢你爱着我》这篇爆款文章就运用了这种方法，把很多关于爱的素材叠加在了一起。这些素材每一种都很感人，同时每一个又都是单独成立的：

- 无臂小男孩给弟弟喂奶
- 小狗在路边守护同伴
- 老人穿旧衣纪念过世妻
- 老师给学生缝补鞋子
- 野鸡护着蛋被烧死
- 女孩把饭送给流浪者

这些素材本来是很零散的，而且看上去平淡无奇，也很难单独写一篇文章。然而，如果这类型的素材足够多，那么把它们叠加在一起，感人的力量就会被放大无数倍，也足够写一篇 2000 左右的文章了。

这篇文章曾经让无数人落泪，有几千万的阅读量。这么多的素材中，不敢保证每一个都非常感人，但它们像波浪一样，一个接一个袭来，读者最终就会被感动到。这也是素材叠加的魅力，就好像把很多菜端到读者面前，尽管每个人口味都不同，但总有一个是读者喜欢的。当你的素材积累得足够多时，就可以把它们叠加起来，可以感动，可以搞笑，也可以说理。

母亲节前夕，我想写一篇关于母爱的文章。当时，我恰好看到一则新闻，一位母亲出门找包粽子的苇叶，结果迷路，转了几个小时也没找到家，最后交警发现了她，并把她送回家。转了几个小时这件事，老人并没有感到难过，反而全程都带着笑，她对交警说，孩子们打电话回来说想吃粽子，所以她才出来找苇叶。一不小心走太远，找不到回家的路了。这件事让我很感动，同时也让我想到了自己妈妈，她也是这样，只要我想吃什么，她一定想办法帮我做。好像在妈妈看来，吃才是人生中最大的事儿，其他的都可以先不管。

现在，我是有主题，但是缺少素材。于是我根据这个主题，在读者群里征集素材，让大家讲一讲妈妈为了给自己做吃的，都做过哪些荒唐又感动的事情。那天征集来了很多素材，它们都有一些共同的特点：1. 妈妈为了给自己弄吃的，做了荒唐事；2. 很感动。

我把这些素材叠加在一起，写了一篇《妈妈说得最多的一句话，无聊到我们想落泪》。在文章中，我写到了新闻里那位找苇叶的老奶奶；一位学员无意中说想吃香椿，结果她妈妈整个下午都跑出去摘香椿，把她吓得不轻，生怕妈妈摔倒；一位读者说想吃枣，他的妈妈马上拿棍打，几十岁的人也不怕被人笑话。这些故事都很短，只是生活中一个小片段，但把它们叠加起来就非常感人，这篇文章也因此感动了很多读者，很多人都说流泪了，要回家陪妈妈好好吃一顿饭。

如果你收集的素材中，有一些是相似的，就可以从中找到一个主题，把它们叠加在一起。如果已经有了一个主题，也可以根据主题去找相同的素材，然后把它们叠加在一起。只要你的素材足够多，这种方式就可以带来很好的结果。

倒推法：挖掘新观点的手段

有时候看到一些素材，你可能立即在头脑里闪现一些观点。比如看到一些人说自己经济不宽裕，你的第一个想法可能是：这些人就是懒、笨、没能力。如果根据这些观点去写文章，就会有失偏颇，因为事实可能跟你想的并不一样。这种草率得出的观点也不会很新颖，因为都是你的惯性认知。如果你并不是急着下结论，而是倒推一下，反而能够发现不一样的观点。例如看到一些女性事业做得很成功，仅仅是这些现象，很难写成文章。可以根据这些现象，倒推出这些人身上的一些品质。

- 很多女人家庭幸福事业成功
- 发现这种女人都比较豁达
- 发现这种女人都一直在学习

根据平时看到的现象，结合身边人的实际案例，就可以倒推出这些人身上的一些特点。根据这些特点去写文章，就会比较新颖，而且比较有深度，读者也能够通过文章看出来，你是独立思考过的。

经常有女读者来跟我倾诉，说她们现在生活不如意，很想离婚，可是又担心离婚后无法生活，因为自己手里没有积蓄。因此，很多时候，她们虽然想摆脱目前的窘境，但除了抱怨，基本上什么也做不了。这个现象让我觉得很奇怪，为什么这些人在经济上会如此窘迫呢？我没有依据经验去下定论，而是用倒推的方法问了她们一些情况，问她们为什么会没钱，平时的生活都是怎么样的。结果答案让我很震惊，很多人讲起来都是一部血泪史，比如天天和老公吵架，婆媳矛盾严重。因为各种矛盾丛生，每个人心里都有怨气，没有心思工作，身体还经常出问题，导致每份工作干的时间都不长。因此经济不宽裕，生活过得不好，就成了情理之中的事情。

经过这一番倒推，可以得出一个结论：家庭不和睦、经常争吵的家庭，大多数都经济不宽裕，生活过得不好。这个观点比较新颖，于是我根据这个观点写了一篇文章《有这个特点的家庭，大多数都穷》。这篇文章发出去以后，数据非常好，很多读者表示自己醍醐灌顶，以后一定要经营好家人之间的关系，让家庭和睦。

经常有作者说，自己写不出有深度的文章，你可以尝试一下用倒推法去处理素材，从不同的角度去看待一件事情。哪怕事情是一样的，看事情的角度不同，得出的结论也会不同。

2018 年 4 月份我们团队的工作人员在武汉聚会时，一些在武汉的学员知道后，也赶过去见面。那天我们在宾馆谈了很久，还一起吃了饭，一起去看武汉大学的樱花，气氛非常好。一天的接触下来，我发现很多学员家庭幸福，自己事业也做得不错，这个现象让我很开心，也很好奇，我很想知道她们为什么过得这么好。于是在聊天的过程中，我开始倒推，去了解她们都做过什么，心里在想什么。结果这么一倒推就发现，她们身上有很多特点：

- ❖ 学员家庭幸福事业成功爱学习
- ❖ 那么成功还在学写作，有自己的想法
- ❖ 不被别人左右

我觉得她们身上的这些特点很可贵，同时也对读者有一定的借鉴意义，于是我根据这些特点，写了一篇《知道这些的女人，99% 都会过得很好》。

如果我不是通过倒推，就得不出这样的结论，就算自己想象出来了，也是不接地气，和现实不符的。写作这件事情，一定不要闭门造车，你的想象很多时候是靠不住的。如果你发现身边有一些很有意思的现象，但是你不知道怎么写成文章，或者总结出来的观点很老套，就可以倒推一下，看是什么导致了这种现象的发生。只要多做这一步，往往会有惊人的发现。

除了扩展法、总结法、叠加法、倒推法，还有以下这些处理素材的好方法：

排除法。把不新颖的素材排除掉，留下新颖的素材。或者，通过一个素材提炼出了几个不同的观点，也可以把老生常谈的观点排除掉，只留下让人耳目一新的观点。这样能够保证你写出来的文章不落俗套。

多方位挖掘法。看到一件有意思的事，或者一个有意思

的人，可能很多作者都会写，怎么保证你写出来的文章与众不同呢？可以采取多方位挖掘法，从各个角度去挖掘这个素材，找到跟别人不一样的角度。比如通过一部影视剧，你可以挖主演的爱情故事、亲情故事、励志故事，也可以挖导演的故事，还可以挖角色本身的故事。总之，三百六十度地挖一挖，最终总能挖出一个新颖的角度。

抽丝剥茧法。比如你要写自己的人生故事，但是一个人的故事那么多，全部都写出来会杂乱无章，怎么办呢？就可以采取抽丝剥茧法。从这些故事中，抽出一根“丝”，这根“丝”可以是爱情，可以是亲情。只写这一方面的故事，其他的舍弃掉，或者另外写一篇文章。

掌握了以上这些方法，素材就会真正为你所用，通过一个简单的素材，就可以写出一篇受欢迎的文章。

第三章

架构：处理好流量易渗漏的节点

标题：激发读者点击欲望的关键

下面这几个标题，哪一个你最想点开阅读，哪一个你根本不想点开？

❖《胡歌首谈车祸后 12 年：这世上除了生死，都是小事》

❖《她晒出婚后 7 年生活，引 34 万人围观：原来这就是嫁给爱情的样子》

❖《〈思考，快与慢〉读后感》

❖《当妈后，女人间的差距是怎么拉开的？》

❖《"我 80 万的豪车，不能让老婆坐脏了"》

这些标题，一定有一些让你迫不及待想点开看，但是第三个标题，你应该不会先点开吧？新媒体文章一般都是在手机或电脑上阅读，它呈现在读者面前时，不像纸质媒体那样，一眼可以看到文中的图片和文章的长度。它只会显示出一个标题，其他的内容，读者不点开的话，都没有办法看到。

读者只能通过标题，做一个简单的判断，判断这篇文章是不是自己感兴趣的，文章是不是精彩。而且读者看一个标题的时间不会超过 3 秒钟，3 秒钟之内，如果一个标题不能够让读者产生点击的欲望，他们就会放弃这篇文章，转而去看其他的文章。

毫不夸张地说，新媒体文章的标题，直接决定了文章的生死。因为不管内容有多好，如果读者都不愿意打开的话，再好的内容又能给谁看呢？一个优秀的新媒体文章作者，会反复打磨文章的标题，甚至取好几个备选。标题直接对应了点击量，一个好的标题，和一个不好的标题，点击量可以说存在天壤之别。

就算你不自己做平台，只是给其他平台投稿，标题也同样重要。试想一下，如果你写了文章去投新媒体平台，怎么保证自己的文章在那么多投稿中脱颖而出呢？编辑的邮箱里稿子很多，他们愿意打开哪一篇，哪一篇上稿的机会就大。

我有两个公众号，一个是专门发写作故事和写作技巧的“汤小小轻松高效写作”，一个是分享经验方法的个人号“汤小小”，这两个号都对学员征稿，我自己会在邮箱中审稿。那些标题能够第一时间吸引我的，我会先打开看，因为这个标题让我对文章很期待，如果文章内容和标题一样好，就会毫不犹豫地选用。如果文章不太满意，但是看在标题很好的份儿上，也会想办法挽救，比如提一些修改意见，争取让这篇文章“起死回生”。

如果标题太平淡，而我正好又比较忙，稿子选得也差不多了，可能就不会打开。就算打开了，如果第一段不能吸引我，也会立即放弃。标题不好，第一段写得又不好，我根本不会有挽救它的欲望。有时候，仅仅从一个标题，就能看出来写这篇文章的作者是不是懂新媒体。

标题如此重要，我们怎么才能给文章取一个吸引人的好标题呢？

懂心理：利用人的本能和行为习惯

直击痛点，让受众根本无法忽略

每个人都会有一些痛点，当一件事情让读者觉得痛，他们就会格外关注，并希望找到解决方法，来消除这种痛感。在确定标题的时候，如果能直击读者的痛点，那么这个标题就很容易受到读者的关注。例如：

❖《50 个孩子 42 人被轻易拐走！你要如何保护孩子？》

❖《29 岁的发小猝死，世界正在惩罚不懂拒绝的人》

❖《暑假是拉开孩子差距的时候，然而 99% 的家长都不知道如何安排》

读者看到那么多孩子被拐走，就很害怕自己的孩子也遭遇不幸，很希望从文章中找到保护孩子的方法；看到 29 岁的年轻人猝死，也会担心自己面临这种境况，就会想要了解一下怎么才能避免这种悲剧发生；看到暑假是拉开孩子差距的时候，很害怕自己的孩子落于人后，希望孩子能够赢在起跑线上，所以也会点开文章看一下应该如何安排。

这些标题，都击中了读者的痛点。这些事情他们本来就很在意，只是不提的话，可能想不起来，也不太在意。然而，某一天他们突然看到这样一个文章标题，其痛感就会比较强烈，想立即点开文章找答案。

知己知彼，才能百战不殆，如果你不知道读者的痛点是什么，可能就会出现一种很尴尬的情况：你觉得自己取的标题能击中痛点，结果读者觉得很平常。了解读者的痛点也不难，你身边的人，或者网络上，大家对什么事情比较焦虑，比较在意，比较担心？这些事情，就是痛点。

另外，像《50个孩子42人被轻易拐走！你要如何保护孩子？》这个标题，如果你不说结果，只说如何保护孩子，读者就不会觉得痛。只有读者看到结果很严重的时候，痛感才会强烈。因为每个人都想要好的结果，不想要坏的结果，如果一件事情将有可能发生坏的结果，大家就会觉得痛苦，会找办法解决，把结果变好一点。

蹭热点，挤入读者的意识“内存”

一个普通的事件，和一个热点事件，你想看哪一个？一个普通的人，和一个有热度的名人，你想看哪一个？答案不言自明，有热度的事情和人物会引起更多人的关注，这也是为什么新媒体喜欢追热点的原因。在取标题的时候，也可以适当地蹭一下热度，这样点击量会更有保障。例如：

❖《离你的高考还有多少天？》

❖《阅读为什么是聪明的选择？》

❖《11岁男孩提问巴菲特：见过世面的孩子有多厉害》

❖《情侣分手前的聊天记录，女生的这个思维方式太可怕了》

这些标题看上去比较普通，但它们推送的时间点比较特别，比如在高考来临之际，写《离你的高考还有多少天?》就是蹭了高考这个热点，这个时候关注高考的人比较多，和高考相关的文章，自然也更容易引起人关注，让人点开阅读。同样,《为什么说阅读是聪明人的选择》如果在读书节前后发，就是蹭了读书节的热点，平时推送效果可能会差一点，因为没有热点加持。所以，蹭热点式的标题，时间点很重要。这类文章，要快速写好发出去，时间晚了，热点也就不存在了。

造爆款，激活读者的从众心理

人都有一种从众心理，如果一样东西卖得很火爆，很多人就倾向于去买。同样是卖早餐，一家门前排了很长的队，一家门可罗雀，你会选择到哪一家？大多数人都会选择去排队。

这种心理在看文章时也一样适用，如果一篇文章没有人喜欢，大多数人也不愿意点开，如果一篇文章是爆款，哪怕并不是自己喜欢的，很多人也愿意去看下。在取标题的时候，就可以利用这种心理，造一些爆款出来。例如：

❖《“妈，你才 70 岁，去打份工吧”有钱人养老育儿理念刷爆朋友圈》

❖《知乎上点赞率最高的 70 个神回复，看完整个人都神清气爽》

❖《她晒出婚后 7 年生活，引 34 万人围观：原来这就是嫁给爱情的样子》

❖《作品惊艳 6000 万父母，她说这才是给孩子最好的教育》

这些标题给读者的感觉就是：这些事情都好火爆啊！都刷爆朋友圈了，我是不是应该去看一看？点赞率最高，肯定很好看！34 万人围观，肯定很吸引人！

刷爆、围观，这些词语都能营造一种火爆的氛围，在标题中设置这样的关键词，能很轻松营造出爆款的感觉。像《她晒出婚后 7 年生活，引 34 万人围观：原来这就是嫁给爱情的样子》，如果没有“34 万人围观”，这就是一件很普通的事，读者阅读的兴趣就不大。

另外，像“刷爆朋友圈”“让亿万人落泪”，“亿万人”是一个比较笼统的表述，但是会给人一种火爆的感觉。也就是说，有些数据可以用夸张的方式表述，不要求特别精确。当然前提是，不能夸张得太离谱，至少有这么个事实存在，然后你再去适当夸张一下。

懂套路：起好标题就很容易

讲故事，一句话顶一万句

故事非常有魅力，很多人都喜欢听故事。小时候只要父母说给讲故事，孩子就会很开心，会睡得特别安稳。故事的包容性特别强，不管什么学历、什么背景的人，都能够接纳故事，它是最通俗易懂的一种表述方式。在取标题的时候，也可以用讲故事的方式。例如：

❖《我七岁的妹妹把糖果放进我的抗抑郁药里》

❖《衣品好、颜值高，清华男神终身不娶，70 年只做一件事终成一代宗师》

这些标题，都用讲故事的口吻讲述了一件事情。这些事情都有独特之处，而正是这些独特之处，会吸引读者点开看个究竟。

当然，一个平淡无奇的故事不会让人有看的欲望，必须有亮点，这样读者才会好奇，才想要知道前因后果。例如“妹妹把糖果放进抗抑郁药里”，这个举动就很奇怪，能够引人遐想。这一切都是为什么？到底都经历了什么？所以，用讲故事的方式取标题，最重要的就是要找到一个亮点，如果没有亮点，整个故事会黯然失色。

一个完整的事件包括人物、时间、所做的事、结局。在取标题时，虽然不能把几个要素全部都用上，但至少要有人物和所做的事。《我七岁的妹妹把糖果放进我的抗抑郁药里》人物是“七岁的妹妹”，所做的事是“把糖果放进我的抗抑郁药里”。这样读者一看就知道，有一个什么样的故事在发生，是不是他们感兴趣的故事。

《衣品好、颜值高，清华男神终身不娶，70 年只做一件事终成一代宗师》就把衣品好、颜值高、终身不娶这些特点总结了出来。有时候一个人身上有非常多的亮点，这些亮点都比较吸引人，就可以把亮点全部拎出来，放在标题里吸引读者。

留悬念，给读者出一道谜题

为什么很多人一旦开启追剧模式就停不下来？因为很想知道男主角最后到底怎么样了，女主角最后到底怎么样了，他们的误会能不能解除，坏人会不会得到惩罚。电视剧留着这些悬念，观众想要知道，因此就会一直追下去，直到最后所有的悬念都解开，才会觉得开心。同样的道理，在给文章取标题的时候，如果留一点悬念，读者当然也会想知道答案。例如：

- 《90后姑娘当39次伴娘仍单身，背后的真相扎心了》
- 《丈夫找到死去妻子的日记，里面竟然记载了一个惊天秘密》
- 《老公出差回来，在他行李箱里发现了一件女式内衣》

这些标题都留着一个悬念，读者很想知道，39次当伴娘的人为什么还单身，日记里到底是什么惊天的秘密，老公的行李箱里为什么会出现女式内衣？有了这些疑问，读者就想寻找答案，毕竟疑问压在心里很难受，还是将谜底揭开比较痛快。

悬念产生于出人意料的结果。“90后”姑娘当39次伴娘仍单身这就是一个出人意料的结果。按照正常的逻辑，当了那么多次伴娘，肯定早就找到意中人了。在老公行李箱发现女式内衣也是一个出人意料的结果。正常情况下，老公一个人出差，怎么可能在行李箱里装女式内衣？因为这些结果出人意料，所以悬念就产生了。

作对比，产生冲击力的妙招

俗话说，不怕不懂货，就怕货比货。两样东西放在一起对比，高下立分，会给人非常震撼的感觉。取标题也一样，把一些事情放在一起作对比，什么都不用说，它就自有一种吸引人的力量。例如：

❖《她曾经穷到只有500元，现在有车有房，实现了所有朴素的梦想》

❖《我，31岁，还是个孩子……》

这样的标题你看了是什么感觉？一定很好奇，想要知道这一切到底都是怎么回事。对比型的标题，给人的感觉就是很有冲击力，让人看了忍不住“哇”一声，觉得有点不可思议。

《她曾经穷到只有500元，现在有车有房，实现了所有朴素的梦想》，穷到只有500元，和有房有车，差距就非常大。《我，31岁，还是个孩子……》中，一个是31岁，一个是孩子，年龄差距很大。把差距大的两件事放在一起，就非常有冲击力。所以在取标题时，先要找到差距，而且差距越大越好。

对比型标题有一个典型的句式：虽然……但是。虽然她曾经穷到只有五百块，但是现在有车有房，实现了所有朴素的梦想。虽然她原生家庭不好，但她嫁给了王子。你看，对比型标题都是可以用“虽然……但是”来造句的。只是为了美感，不一定要把这两个词用上，但表达的意思是一样的。

用数据，利用专业性吸引读者

数据有两个优势，一是让人感觉很专业，二是简单明了，比单纯的文字更直接。在取标题的时候，可以适当引用一些数据，这样传达出来的东西就更直观，读者更容易读懂。例如：

❖《一个人开始变好的3种迹象》

❖《30岁后，你一定要扔掉的4样东西》

❖《早睡能解决80%以上的问题》

这些标题都使用了数据，给人的感觉是这篇文章简单好懂，就是讲3种迹象，4样东西嘛，应该一两分钟就能看完。能在心理上，给读者不会占用太多时间的暗示。读者阅读时，其实也很害怕浪费太多时间，因此一看标题就觉得不会花很多时间的文章，他们更愿意点开去阅读。

3种，4样，80%，这都是非常准确的数字，这里尽量不要模糊化。数字越具体，给人的感觉越简洁，也越容易让读者点击。另外，数字要给的尽量简单，如果你说一个人变好的101种迹象，就会产生“这篇文章很长，会花很多时间”的想法，这样不利于点击。

当然，如果读者并不关心自己能不能变好，你给出变好的4种方法，他们就没有兴趣点开去阅读。如果大家没有睡眠问题，你说早睡能解决80%以上的问题，大多数人也会一笑而过。因此，还是要先找到读者关注的问题，然后再配合数据，效果就会比较好。

懂表达：围绕你的内容本身想办法

陈述，明确表达你的看法

一些观点类的文章，可以直接在标题里表达自己的观点。如果读者认同这个观点的话，就会点开文章，找认同感。如果他不认同的话，则会觉得很奇怪，从而引发了好奇心。这种标题比较直接，观点有冲击力的话，点击量也会不错。例如：

❖《执行力，才是拉开人与人差距的关键》

❖《你的原则，就是你的人品》

❖《远离你身边的“假好人”》

这些标题一看就知道要表达什么，简单粗暴，让人秒懂。很多读者喜欢这种直接表达观点的标题。如果你的观点模糊不清，读者看完也不知道说什么，那就很失败。如果不能在一秒钟之内让读者看懂，他们就会放弃这篇文章。前面我也讲过，好写又便于阅读的文章，主题都简单明确。这个标准在取标题时同样适用，越简单越明确越好。

当然，一个老生常谈的观点，哪怕很简单明确，读者也没有点击的欲望，因为人人都知道，为什么还要看你写的呢？你的观点需要比较新颖，给人一种冲击力，让读者看完以后觉得：哇，这个说法有点新鲜。这样，读者才更愿意点击阅读。

另外，采用这种标题，你就是想让别人接受自己的观点，所以可以多用叮嘱、劝告的语气。例如《远离你身边的“假好人”》就很明显是在劝告读者远离某种人。

恰当提问，有效引发读者的思考

这是很多人喜欢用的一种取标题方法，简单好操作，同时又带有一定的悬念，可以勾起读者的好奇心。而且它有一定的互动性，提出一个问题，让读者参与进来解答，引导读者思考。例如：

❖《当妈后，女人间的差距是怎么拉开的？》

❖《妻子患尿毒症，丈夫拒绝捐肾，你能理解吗？》

❖《老公和婆婆关系很差，影响了夫妻感情，该怎么办？》

提问的方式有很多种，主要包含以下几个方面。

封闭式提问。例如《妻子患尿毒症，丈夫拒绝捐肾，你能理解吗？》就是封闭式提问，读者一看标题就能回答出来是或否。这种提问的优势就是读者不用过多思考，很轻易就能给出答案，而且也很方便理解。

开放式提问。例如《当妈后，女人间的差距是怎么拉开的？》就是开放式提问，读者看完标题，会有非常多的答案。这样就有了悬念，读者会好奇，这个差距到底是怎么拉开的？跟自己的答案是否一样？勾起了好奇心，自然就有点击的欲望。

求助式提问。例如《老公和婆婆关系很差，影响了夫妻感情，该怎么办？》就是求助式提问，给读者一种感觉，觉得作者在向他求助，如果他对这件事情比较感兴趣，就会点击进去，甚至留言给方法。现在很多平台会放出一些求助，让读者来回答，很多都会用这样的标题，读者一看就知道这是求助。

表明价值，让读者看见实实在在的“干货”

如果一个标题让读者看了以后觉得非常有价值，不看是一种损失，他们就更愿意点击进去看文章。因此，在取标题的时候，可以重点突出整篇文章的价值，让人觉得看了就是赚到。例如：

❖《我花 2000 元钱买来的 8 段话》

❖《我有 10 种职场经验，价值 100 万，今天免费》

❖《学会这个技能，轻松月入过万》

这些标题一看就觉得文章很有价值，如果不看就太可惜了。那么，在取标题的时候，怎样突显文章的价值呢？

人们对价格比较敏感，一个东西如果很贵，大家就会本能地觉得它好，相反，一个东西很便宜，就会觉得它不好。在取标题的时候，突出价格，就会给读者一种这个东西很贵的感觉，从而觉得它有价值。例如 2000 元，100 万，月入过万，都是突出了价格。

光有价格还不够，还要告诉读者，这个价钱对应的到底是什么东西，这东西到底值不值这个价格。例如 8 段话、10 种职场经验、技能，都是突出了核心事物。因为有前面的价格打底，读者就会对这些核心事物很感兴趣，从心底觉得它们很有价值。

开头：防止流量流失的关键方法

经常有人在公众号“汤小小”后台留言给我：我很想写作，也有很多东西写，可是不知道怎么下笔怎么办？

如何下笔，是很多人头疼的问题。万事开头难，只要开头顺了，后面反而会容易一些，不过就是顺着开头把要表达的意思写清楚就好了。因此，开头对作者来说很重要。一个好的开头，会让你更有信心写下去；一个不好的开头，也会让你信心全无。开头不但对写作者很重要，对读者来说也很重要，因为这直接决定了他们愿不愿意看完整篇文章。

标题是为了吸引读者点击进来，开头的目的则是要留住读者。如果开头写得不够吸引人，就算用标题把读者吸引了进来，他们也照样会点击关闭。因此，不管对读者还是作者来说，开头都非常重要。只要掌握了开头的几种方法，就能够轻松下笔，写出读者愿意看的开头。

从一般模式入手：用好故事、提问和引用

讲故事，阅读障碍比较低的开启方式

在取标题的环节我说过，不管什么样的读者，都更乐意

接纳故事。一个好看的故事，能瞬间吸引读者的注意力，他们会想知道事情接下来怎么发展，会有怎样的结果。一个好的故事，自带悬念。

对于作者来说，写故事也相对要容易，因为它有清晰的脉络，即使你文笔不那么娴熟，但是讲清楚一个故事，问题也不会很大。这种方式也是很多作者喜欢用的，大家随便打开几篇文章就会发现，很多文章的开头部分都是在讲故事。作者写故事的时候是比较轻松的，读者读故事的过程也是比较轻松的。人在轻松的状态下，会更愿意把文章写完，也更愿意把文章读完。在写开头的时候，具体要用什么样的故事呢？

生活片段。每个人每天都在经历一些事情，但是很多事情并不是完整的故事，充其量只能算片段。这些片段比较琐碎，也没有大起大落，更没有神转折。然而，这种片段是很接地气的，写出来会很容易，毕竟是自己熟悉的嘛，可以顺手拈来。读者也很容易产生代入感，很想看别人的生活日常跟自己有什么不一样。

> 我妈前段时间不舒服，一直没对任何人说，最后是我妹妹发现不对，强行带她去医院检查。
>
> 我知道以后特别难过，问她为什么不早点说，她说，你们都忙，我不想打扰你们。
>
> 我说你这样拖着，病越来越严重，会更严重地打扰我们啊。

我妈点头，不说话。

她就是这样的性子，什么都不争，你说什么她都回答是是是好好好，可是一转眼，她就什么都忘记了。

她记不清任何一个孩子的生日，当然也记不清她自己的。她只记得，怎么能多干一点活，怎么能多省一分钱。

每次我回家，她都想给我带点好东西。然而，她总是记不清我喜欢什么。过年的时候，她给我挖了一大筐菠菜，一个劲儿地说：你喜欢吃菠菜，这些都是我自己种的，你多带点。

可我根本就不喜欢吃菠菜呀，而且我有结石，不能多吃。

这个开头就在写生活片段，很琐碎，没有大起大落，但是也特别真实，很接地气。这样的生活日常，随便想一下就能够找出很多。所以对于作者来说，这是非常容易下笔的方式，写起来会很轻松，能完美解决无法下笔的问题。

热点故事。网络上每天都会有很多热点事件，还有很多热点名人故事，这些事情读者关注度都比较高。如果在开头使用的话，读者也会比较感兴趣。很多作者在写文章的时候很痛苦，觉得自己没有东西可以写。身边真实的故事没有那么多，编造的话又太假，这个时候，就可以写自己在网上看到的热点故事。这个对作者来说，也不是太困难的事情，毕竟热点事件很容易看到，多搜索一下还能看到很多细节。了解清楚事情的前因后果，用自己的语言重新讲述出来，不但读者喜欢看，作者写得也轻松。

> 最近一位妈妈抱怨《海的女儿》，认为小美人鱼为了一个只见了一面的男人，竟然付出了生命，根本不值得。
>
> 结果这个话题在微博引起了论战，有人觉得这个妈妈充满了智慧，就是应该教会女孩这些道理，有人觉得故事不能这么较真，不然很多故事都没法看了，再说，传扬真善美也没错。
>
> 作为一位经常陪孩子读童话书的妈妈，对这件事真的感触很深。
>
> 那些小时候非常喜欢的故事，现在重读，很多地方就觉得难以忍受，真的看不下去。

这个开头就写了一个热点故事，而且比较有争议性，因为这位妈妈的说法不一定每个人都赞同，反对的人不在少数。一个有争议性的故事，更能够激发读者表达自己观点的欲望，他们会留言讨论这件事情。一篇文章有人愿意讨论，而不是读完就关闭，它就占据了读者更多的时间精力，更容易被读者记住。

普通人的故事。这种故事对读者来说更有启发性和借鉴意义，而且也更有真实感，因此这种故事读者也比较喜欢。作为写作者，一定要善于去收集身边人的故事，当你收集的故事足够多，下笔的时候就会有东西可写。而且普通人的故事收集起来也比较方便，多聊聊天，多追问几句，很多精彩的故事就浮出水面了。很多作者出去美容，吃饭，甚至住院，都能够聊出几个故事来。写作的人，一定要时刻注意收集故事，捕捉身边的精彩。

> 周末带我妈妈到归元寺，出来的时候，我妈忽然很激动地跟几个路人打招呼。
>
> 一看才发现，居然在这里遇到老家的熟人，真是好有缘分。
>
> 我们几个人太激动，顶着北风，站在广场上聊了好久。
>
> 遇到的是对夫妻，跟我父母年龄差不多，老家有一套门面房，租出去一年能收 3 万多元租金，平均每个月差不多 3000 元，虽然不算多，但两个人没病没灾，还有儿女贴补，过得挺滋润。
>
> 他们有 4 个女儿，有的住广州，有的住武汉，他们就一年四季到处跑，这里住腻了就换个地方住。几个女儿算不上大富大贵，但条件也都不错，不用他们操心，还经常给他们零花钱。
>
> 之前他们家做生意，夫妻两人支撑起一个家，供儿女上学，也挺辛苦的，但是现在的日子让很多人羡慕。据说，这几年他们到很多地方游玩，不但国内游，也跑到国外游。

普通人的故事知道的人不多，比较有新鲜感，在开头的时候就可以使用。而且，热点故事很多读者已经知道结局，但是普通人的故事曝光度低，读者并不知道结局是什么。这样故事就自带悬念，读者想知道结果，就很容易一口气追着看下去。

提问，通过互动与读者产生关联

提问式开头，能够很快吸引读者的注意力，因为人们在面对提问时，精神会不由自主地高度集中，试图举手回答。很多人在演讲的时候，就会使用提问来开场，引发观众互动。有互动，读者就会觉得与自己有关，会更愿意跟着作者的思路往下看。提问式的开头，主要有两种方式：

别人的疑惑。当一个话题有很多人困惑，或者有很多人到处请教别人的时候，就可以选择用提问来开头。因为有很多人问，你很清楚别人会问什么，收集了很多的素材，直接加工一下写出来，也是一件比较轻松的事情。

> 这个问题是一位读者问的。
>
> 这位读者说，现在市面上关于交际这个话题，完全两极分化，有人认为自己就是最好的人脉，提升你自己，其实就是拓展人脉。还有人则认为，人脉比什么都重要，所以你必须花精力与人交往。
>
> 因此，年轻人很疑惑，到底是要交际呢还是不交际呢？到底是闷头提升自己重要，还是八面玲珑与人交往重要？
>
> 这个问题我梳理了很久，结合自己的经验，也借用别人的经验，现在，终于可以给出一个具有操作性的答案。
>
> 除去擅不擅长交际，喜不喜欢交际这件事不谈。

> 那么，关于交际的问题，大致可以分四步走。

这个开头就是根据读者的提问写的，读者对于交际这件事情很疑惑，而这也是很多年轻人疑惑的问题，写的时候用这种提问来开头，就能够引起很多人的共鸣。读者发现自己也有这样的疑惑，于是就想知道答案，这样，开头就完美地吸引住了读者，让他们愿意看后面的内容。

这里需要注意的是，这种疑惑一定要是有代表性的，是大多数人都会有的，如果只是一两个人的疑惑，那就没办法引起更多人的共鸣。任何时候，都要考虑受众群体。

引发思考。一种提问方式，就是为了引发读者思考。读者看到这个提问以后会想，到底应该怎么做呢？一旦读者启动了思考模式，就更愿意在这篇文章上多停留，想要看作者的答案跟自己想的是不是一样。所以在开头的时候，可以用一些提问来引发读者的思考。

> 先给大家出一个题：
>
> 如果有一个瓶子，里面装满了水，可是瓶口被木塞塞住。在不打碎瓶子，也不拔出瓶塞的情况下，怎么才能喝到水？
>
> 答案我等会儿再说。

这个开头的第一句话就是提问，引发读者去思考这个问题。这样就有了悬念，读者想知道这个答案，就会一直把文章看完，以此来缓解自己的疑惑。

这里需要注意的是，设置的问题要有冲击力，如果太平淡，或者根本不用考虑都知道答案，那就勾不起读者的兴趣，他们就不愿意去思考。

引用，借力弥合与读者的距离

如果开头你不知道怎么原创，可以巧妙地借用别人的内容，也就是引用。别人的某句话，或者某个故事你很喜欢，又适合文章的主题，开头的时候可以直接引用过来。这种方法用起来比较简单，关键就是平时要注意积累，这样在写作的时候，才能以最快的速度找到合适的内容引用。

引用名言和经典台词。名言和经典台词的认知度比较高，在开头引用，比较容易得到读者认同。显然，名言和经典台词之所以经典，就是因为比较有哲理。在开头引用名言或者经典台词，就可以让读者喜欢的同时，快速进入主题。

> “其实每次我见到你，心里最真实的想法就是心疼，有时候刺猬比兔子更渴望拥抱。”
>
> 这句情话，有没有撩到你，温情脉脉而又非常有质感，直戳内心深处，撩得你直发酥。

这个开头就引用了电视剧经典台词，看过这部剧的人看到这句台词，就会比较有亲切感，会更愿意看接下来的内容。一般来说，引用比较热点的影视剧台词，或者比较有哲理的名言，效果会比较好。

引用书或影视剧里的情节。在看书或者看影视剧的时候，会发现里面有很多很好的情节，这些情节都可以在开头的时候引用。因为这是你看过的，比较熟悉，写起来就会容易一些。而且，这些书或影视剧可能读者也看过，引用的话，也容易得到读者的共鸣。

闫妮演了一部很小清新的电影，名字叫《美容针》。

在影片中，她是中年女子夏半月，母亲痴呆，姐姐早逝，她带着两个外甥女，独自扛起人生的风雨。

青春？好像根本没有体验过。

不知不觉，一晃就到了三四十岁。

忽然就觉得很惆怅，看着路上那一张张青春洋溢的脸，也特别想体验一把青春的感觉。于是在游戏里扮作小女孩，跟同龄的男孩子一起玩游戏，一起飞。

男孩一直以为，跟自己聊天的是一位青春美少女，想方设法地要见面。

可是夏半月想去又不敢去，偷偷摸摸地上街，只想远远看一眼，手机却暴露了她的行踪。男孩追上来，知道夏半月就是眼前的女子，大声质问：大妈你就是夏半月对不对？

面对男孩的怒火，她选择了落荒而逃。

这个开头引用了一个电影的情节，而且还是知名演员出演的，这样就比较有热度，看到熟悉的名字，读者更容易快速进入阅读状态，会对这个情节有期待感，更容易把文章看完。这里需要注意的是，如果引用的书或者影视剧是大家不太熟悉的，可以把情节描写得详细一点，不然读者不了解前因后果，会造成阅读障碍。如果是人人都知道的，就可以适当地写得简略一些。

引用普通人说的话。每个人都可能无意中说出经典的话，这些话是这个人智慧的结晶，虽然算不上名言，但如果这句话是金句，用在开头也会比较吸引人。除了普通人，明星说的话也可以引用，明星自带热度，他们说的话哪怕不是那么有哲理，但是关注的人也会比较多。

> 现在年轻人赚钱多容易，“白板钓发财”，只要出去一趟，就有钱赚。
>
> 我妈经常说这句话。
>
> 特别是过年的时候，很多人都从大城市满载而归，更是印证了我妈这句话。
>
> 她还经常说：要是我再年轻十年，肯定也能赚很多钱。我们年轻的时候，除了种地，啥都不能干。

这个开头引用了妈妈的几句话，这些话简单好懂，又充满了智慧，还比较接地气。其实，平时生活中，身边总有一些人会说出有哲理的话，这些话就收集起来，写文章的时候引用。这样的引用，不但让文章显得更有趣，写起来也会比较容易。

引用聊天。聊天能够快速拉近作者和读者的距离，让读者感觉很亲切。如果读者群体比较固定，大家对作者比较熟悉了，作者在写开头的时候，可以用聊天的方式，这样更容易得到读者的认同。

聊天式开头最重要的，就是要让读者觉得，这些话是对他们说的，所以在称谓上，可以多用聊天式的词语，比如“谢谢大家”“宝宝们早上好”，让读者感觉你就坐在他们对面跟他们交谈。

谢谢大家去听我的公开分享。

没有听过的同学，在公众号“汤小小轻松高效写作”后台回复“早安”两个字，可以回听。其实那天我特别担心一件事情，就是怕声音状态不好。本来声音就不好听，普通话也说不好，如果状态再不好的话，那就很尴尬了。况且，同时面对 4000 人分享，对我来说，是第一次。

我一直在看时间，提前 10 分钟打开电脑，把一切都调整好，然后还用别人教的方法，喝水，张嘴活动脸部肌肉，这样能保证声音更好一点。

不过，有些东西不是一时半会儿能提高的，因此最后呈现出来的声音状态我还是不满意，反正我自己的声音我从来不回听，不敢听啊。

平时给学员讲课觉得还好，毕竟我们很熟了，就不怕他们会嫌弃我的声音，但是面对那么多人，而且很多人可能之前都不认识我。我也特别想给别人留下一个好的印象，所以不自觉地就有些紧张，就对声音不自信。

分享结束后，连华姐说：声音还好，就是听上去有些紧张。可能声音状态不好，也是因为紧张的原因（我好会给自己找借口）。写这些是想说，尽管我做了那么多次的分享，也讲了几百节课了，但是每一次全新的尝试，也还是会紧张。

这个开头就是典型的聊天式，跟读者聊一聊最近发生的事情。而且这些事情最好是之前已经预告过了，读者也有参与的。这种情况下，写文章的时候去聊，读者就会觉得很接地气，觉得离作者很近。

引用数据。数据会给人一种很专业的感觉，比较有可信度，在开头引用的话，会让读者产生一种“哇，原来如此”的感觉。因为数据有时候跟大家想象的并不一样，它最能说明问题，也最能表达某种观点。平时在看书，或者看新闻的时候，看到一些专业的数据，可以及时收集起来，以便写文章的时候使用。

最近有一组数据显示，在中国年入10万，就超越了90%的人。

是不是有点震惊？

毕竟，我们每天在网上看到的，都是那些告诉我们要如何做到年入百万的帖子，是天天有人抱怨，说年入10万穷得“吃土”，月入1万被人看不起。

搞得我一度怀疑自己是不是生活得特别没有质量，是不是快活不下去了。

这个数据告诉我们，很多事情真的不是想象的那样，年入百万的人确实很多，但是能够年入10万也并不是一件容易的事情，能够做到年入10万，就会超越大多数人。

有了数据的支撑，读者更容易相信文章的内容，更容易认同作者接下来要表达的观点。这里要注意，数据引用不要过多，引用很小的一部分就好了，如果需要引用的内容很多，可以在文章中一点点放出来，不要在一开始就大量引用。因为数据是比较枯燥的，如果大量引用的话，读者会没有耐心看下去。

从现象入手：先行唤起大众的共鸣

作者为什么会写一篇文章？在前面讲选题时我也说了，有些事情很多人有疑惑，或者很多人觉得烦恼，因此要去写文章来解决大家的这些问题。那么在开头的时候就可以总结一下这些现象。因为这些现象代表了大多数人的想法和做法，所以很容易引起共鸣。对于写作者来说，发现身边的一些现象，然后把它们总结出来，也会比较好操作。

围绕社会现象开篇。有一些社会现象，很多人都深有体会，甚至深恶痛绝，但又不知道怎么解决。在开头的时候写出来，不但能得到共鸣，还会引发读者的好奇。读者看到这些熟悉的现象，会想知道作者怎么来解决这个问题。

每次一到节假日，情侣就容易吵架。

情人节时，女人会因为男人不送礼物而生气吵闹，过年时，会因为回谁家过年，给父母买什么东西，花多少钱而吵架。

今年情人节和过年赶到一起了，自然吵架的概率也指数级飙升。

年还没到呢，已经有一小波人因为吵架而分道扬镳，另有一大拨人虽然没有因为大吵大闹而分手，但是委屈满腹，对感情失望至极，甚至选择冷战，心情比漫天大雪还冷。

吵架，似乎是情侣之间躲不开的话题，不但节假日吵，任何一个话题都可能吵起来。

这个开头总结了节日时情侣容易吵架这个社会现象，大家身边这种事情很多，甚至很多人自己就是如此。每到节假日，关于情侣吵架的新闻也比较多。把这些现象总结一下，在开头的时候写出来，就能得到很多人的共鸣。

围绕别人的议论开篇。每一个人都不是独立存在的，身边会围绕着各色各样的人。遇到一些事情时，这些人会有各种各样的议论。当你想写某件事的时候，就可以总结一下大多数人对这件事情的议论。这些议论，你可以赞同，也可以反对，但不管你的态度如何，读者对它比较熟悉，容易认同。

每次一讨论给男人放产假，评论里就不忍直视。

有人说：拉倒吧，给男人放产假干吗呀？他们一不会照顾孩子，二不会洗尿片，要他们在家添堵啊！

有人说：这就是个噱头，什么用都没有，谁还指望男人带娃伺候月子啊，分分钟能把人气吐血，让他们上班挣钱吧，眼不见心不烦。

好不容易有人留言说，自己坐月子就是老公照顾，把孩子也照顾得很好，就有人酸酸地说，这种男人是绝世好男人，碰到是运气。

反正，在很多女人看来，男人不管是带孩子还是干家务，都只有两个字：不行！

久而久之，男人就真的不行了。

这个开头写了网友的议论，在写议论的时候，要尽量找那些大家熟悉的论调，就是这种议论大家听过无数次，这样更容易引起共鸣。如果这些议论很冷僻，大家平时听得少，或者根本就没有听过，就不容易有共鸣，甚至会缺少真实感。

从观点入手：开门见山表达立场

这种方法也称为开门见山，一开始就表明自己的立场。简单直接，也比较好写。

表达对一件事的看法。如果在开头想要讲一个故事，或者引用一个影视剧情节，那么在写这些内容之前，可以先表达一下自己对这些内容的看法。这个看法也许和整篇文章无关，但是会让读者对这件事情比较好奇，想知道你为什么这么看。

素颜和化妆哪个对皮肤更好？

> 肯定是素颜嘛，这是常识。如果以10年为期，素颜和化妆的人皮肤状态会有什么差别呢？大多数人肯定都以为，素颜要比化妆的人皮肤好。
>
> 答案却出人意料：素颜和化妆哪个皮肤状态好，取决于谁更注重皮肤保养。而一般来说，经常化妆的人更关注皮肤状态，可能保养得更好。
>
> 是不是很震惊？
>
> 这世上的很多事情，并不是想象中的那样非黑即白。有时候，你认为对的，可能会变成错的，而你认为错的，可能会变成对的，全看你怎么做，以及是否重视。

这个开头，先出了一道题，然后就这道题，作者给出了自己的评论“这世上的很多事情，并不是想象中的那样非黑即白”，紧接着又发表了另外一种看法“你认为对的，可能会变成错的，而你认为错的，可能会变成对的，全看你怎么做”。这都是在表达对素颜和化妆这件事情的看法。

表达整篇文章的观点。很多人都觉得，整篇文章的观点要放在结尾的地方讲，其实也可以开头就讲出来，然后再去告诉读者，为什么要有这样一个观点。这种开头方法简单直接，如果读者对这个观点感兴趣，或者比较认同，就更愿意看完全文。对作者来说，你整篇文章要表达的观点自己是非常清楚的，在开头的时候应用，写起来也会比较容易。

> 这个时代最重要的是什么？是成长。

几乎每个人都希望自己能够不断成长，赚钱的能力越来越强，学到的知识越来越多。可是很多人不知道到底要学什么，到底做什么才能让自己成长。

这个开头表达了整篇文章的观点，告诉读者，这个时代成长才是最重要的，然后整篇文章再告诉大家，怎样才能快速成长。需要注意的是，开头不要长篇大论去讲自己的观点，因为读者不喜欢一开始就读枯燥的观点，因此简洁明了，几句话说清楚最好。

结构：不要让读者在文章中晕头转向

做写作培训几年，我遇到最多的问题是：老师，我写了一半写不下去怎么办？老师，我开了一个头，后面不知道怎么写了，怎么办？老师，我有特别多的想法，可就是写不出来，怎么办？

很多刚开始写作的人，都会有类似的问题，好不容易想到一个主题，激情满怀地坐下来开始写，可是写了一个开头，后面不知道怎么写了。没办法，只能半途而废。很多人因此怀疑自己不是写作的料，觉得是不是自己太笨，明明有那么多话要说，为什么写不出来呢？

其实，哪有那么复杂，不过是因为不懂得如何用结构而已。

结构是一篇文章的框架，也是一个流程图，有了它，你才清楚每篇文章要怎么写完整。就好像做手工，你看到一朵花做得很漂亮，可是拿着纸不知道怎么做。如果有人给你一个流程图，告诉你先做什么，后做什么，一步步标示清楚，是不是很容易就能做一朵花出来？写文章也一样，不知道结构，就像拿着一张纸却无从下手，写到一半写不下去实在太正常了。

标题是为了吸引读者点击进来，开头是为了吸引读者继续看下去，而结构，决定了作者能不能把一篇文章写清楚，写明白。结构简洁，文章不凌乱，作者写起来比较容易，读者看起来也会比较舒服，知道你要表达什么。新媒体文章通常用的结构，有以下几种。

并列式：多车道平行结构

想要表达一个观点，或者描述一个事实，可以从不同的角度去描写，这些角度，可以用故事来表现，也可以用评论来表现，它们之间的关系是并列的，顺序可以打乱，而且事例与事例之间没有必然的联系。

以《妈妈说得最多的一句话，无聊到我们想落泪》这篇文章为例，这篇文章我分了四个部分，第一部分，讲了一个故事，妈妈给我挖菠菜，她觉得菠菜很新鲜，非要塞给我，但其实我因为结石并不能多吃。第二部分又讲了一个故事，婆婆知道我爱吃猪蹄，每年都会做，虽然她认为吃猪蹄是很傻的行为，她自己从来不吃，但还是愿意做给我吃。第三部分，讲了在新闻上看到一位妈妈为给孩子找粽叶迷路，以及其他人讲的关于妈妈给自己做美食的故事。第四部分做评论，点明主题。这篇文章就用了并列式的结构，如图 3-1：

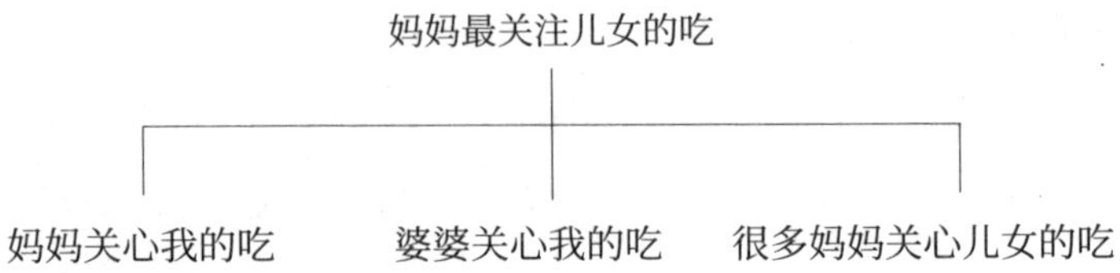

图 3-1 并列式示意图

这篇文章讲了三段故事，每一段故事都不相关，也没有递进关系，都是平行的。它们的顺序可以任意调换，怎么换都不影响整篇文章要表达的意思，这就是并列式。

盘点式：让最有价值的东西凸显出来

干货类文章一般可以选择用盘点式结构，一些方法和经验，用盘点的形式呈现出来。有一些观点文，会在一篇文章中说几个不同的观点，也可以用盘点式，把每一个观点单独列出来。盘点式一般会用小标题，这样很清楚明白，就像盘点仓库里的东西一样，一个个拿出来贴上标签。

以《我是怎么做到每天只工作 3 小时的》为例，在这篇文章里，我选择了盘点式的结构，把自己平时工作中用到的时间管理方法盘点出来，然后写成了一篇文章。

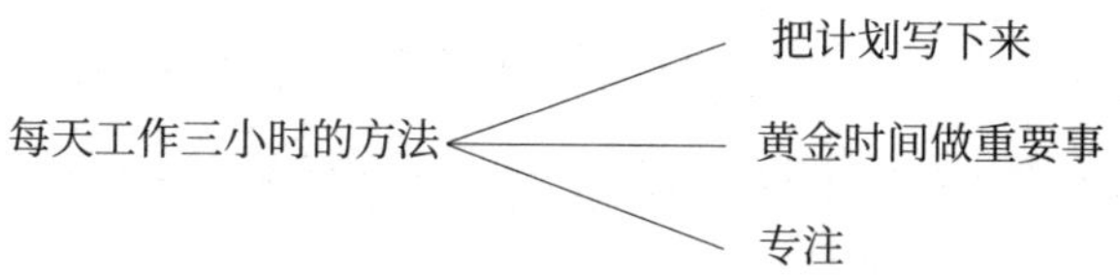

图 3-2　盘点式示意图

这种结构的优点是非常简洁，读者只看几个小标题，就可以大致判断出这篇文章实不实用，是不是自己喜欢的。甚至看几个小标题，就能够明白作者要给的方法。对于作者来说，使用起来也比较方便，就是把自己的方法或者经验盘点好，取一个小标题，然后一条条详细写出来就行了。

对比式：多角度会让读者看得更立体

对比式结构就是把几件事情放在一起作对比，一般来说，这几件事情方向不同，结局不同，有非常强烈的对比性。通过这些对比，读者很容易就知道，哪种方式是好的，哪种方式是不好的，好的有什么结果，不好的又有什么结果。对比式说服力比较强，正反两个方面都会涉及，比较容易说服读者，得到读者认同。

以《很多人在婚姻里怨气冲天，就是因为做错了这件事》为例，这篇文章有三部分，第一部分讲了一位女孩什么都不做，完全靠老公，连预产期都不知道，像个“傻子”。第二部分，讲了一位女性什么活儿都干，老公不但不帮忙，还像个孩子一样等着她照顾，稍有不对就指责。第三部分做总结，点题。这就是对比式结构，如图 3-3：

图 3-3　对比式示意图

正反例是对比最强烈的一种方式，也是比较有效的方式，除了正反对比，还可以有其他形式的对比，只要记住一点，所有的对比，都是为主题服务的，都是为了表达自己的主题。

解题式：最符合逻辑的论述方式

解题式结构就像上学时做数学题，一步步解答，直到最后得到一个最终的答案或者结论，或者给出解决方法。如果想要解决一个问题，想要告诉读者某件事情到底是什么样的，可以使用解题式的结构，一步步分析原因，给出答案。

以《为什么那么多姑娘急着结婚》这篇文章为例，文章第一部分，是我发现社会上的一个现象，很多女孩子急着结婚。第二部分，分别从女孩本身的角度和父母的角度，分析了为什么那么多女孩急着结婚。第三部分，给出解决方法，告诉女孩，怎样做才不会随便找个人结婚，以至于后半生过得不好。

这篇文章就用了解题式的结构，针对观点类文章和故事类文章，这种结构通常会用以下这样的步骤。

发现某种现象

↓

分析为什么会有这种现象

↓

得出结论或给出解决方法

图 3-4 解题式示意图

需要注意的是观点类文章，可以用说理性的语言来描述这几个步骤，也可以通过案例来描述，只要最终表达了作者的观点即可。

总分总式：前后呼应的常规方式

总分总式结构是上学时就经常用的，很多人可能记不住别的结构，但是对这个记忆很深刻。除了写作文，在写新媒体文章的时候，一样可以用总分总式结构。这种结构对作者来说，运用起来轻车熟路，毕竟上学的时候用过很多次呀。

以《你一定要和高能人士做朋友》这篇文章为例，第一部分写一位亲戚通过亲身经历，发出了“一定要和高能人士做朋友”的感慨，这也是整篇文章的主题。中间几部分，分别写了跟高能人士做朋友的好处，比如能够拓宽眼界，会让你更有斗志，能给你指导意见，等等。最后一个部分，再次总结点题。这篇文章就运用了总分总式结构，如图 3-5：

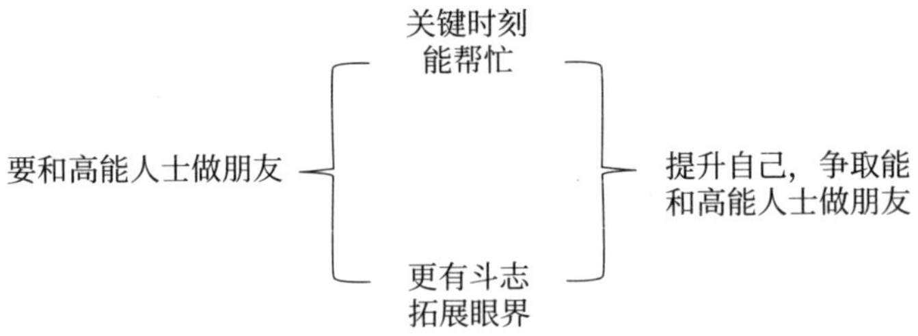

图 3-5　总分总式示意图

这种结构就是先表达一个完整的观点，然后再来一一告诉大家，为什么自己会说出这个观点，最后再做一下总结升华。当然这种形式也可以变成“分分总”“总分分”，用法都是一样的，不过有一点细微的差别而已。

（以上提到的几篇例文，可以搜索公众号“汤小小轻松高效写作”，在后台回复“结构”两个字，查看全文。）

结尾：提升文章转发率的重要方法

有位作者文笔很好，每次写文章，主题也很新颖，她因此对自己的文章很有信心。然而，奇怪的是，每次投的稿最后都会被退回来，编辑给她的建议也很一致：能不能加强一下评论？结尾太仓促了。她特别苦恼，不知道到底怎么加强评论，怎么让结尾不仓促。

这种情况还比较多，经常有学员跟我说，结尾太难写了。前面要表达自己的观点，或者讲一个故事，好歹有话可以说，最后东西都讲完了，怎么去升华主题呀？感觉无从下笔。可是结尾又非常重要，如果前面内容写得都很好，结尾不够好，也会给人一种虎头蛇尾的感觉，总感觉意犹未尽，前面的内容也会因此在读者心里大打折扣。

新媒体文章的一大特点就是能够快速传播，结尾的好坏，也决定了读者愿不愿意传播。如果前面的内容很好，结尾再助一把力，传播效果就会比较好。结尾这么重要，到底要怎么写呢？掌握以下几个方式，写结尾就不再是一件困难的事。

总结：越理解你的想法，读者越愿意转发

这是最常用的一种结尾方法，在文章结尾之前，你已经

写了很多内容,有不同的方法,不同的观点。但是因为太分散,读者看完以后,可能都记不起来你到底都讲了些什么。这个时候可以在结尾的地方做一个总结,把前面讲到的东西浓缩一下,这样读者看完以后印象就会比较深刻。也许前面讲了那么多,读者没有记住,但是总结以后就更方便记忆,也更方便传播。

对作者来说,自己写了什么内容,心里当然是很清楚的,把它们总结一下,也会觉得比较轻松。这样,轻轻松松就写出了一个结尾,还加深了读者对整篇文章的印象。比如:

> 综合起来,如果我们想维持一段友情,要做到 3 点:1. 不提不合理的要求;2. 保护朋友的隐私;3. 别要求朋友事事支持你。
>
> 当然,这是互相的,两个人都要做到,友情才能维持。如果你碰到这样的人,要好好珍惜,但不管怎么样,可以要求自己先做到。

金句:越容易转发,读者越会转发

对一篇文章来说,金句很重要,尤其在结尾的时候。因为金句是最容易让读者记住,最容易让读者惊叹的。有时候,读者觉得某句话很有道理,就更愿意去传播整篇文章。而且,读者在传播的时候,一般都会写一些转发的理由,很多人喜欢直接复制文章中的金句,这样既便于操作,发出去也能吸引人。

一篇文章,有金句更容易让读者印象深刻,也会让整篇文章更有生命力。金句可以自创，也可以引用名人名言，以及一些经典的歌词、台词，只要富有哲理，便于传播，就是好的金句。有一篇文章是这样结尾的：

> 不要只看到自己的付出，看不到别人的付出。再说了，如果这个付出会让自己开心，会让自己离理想生活更近，为什么不主动付出一点呢？很多时候，付出并不代表牺牲，其实也是一种掌控。
>
> 当然，那些说老公是家里的第二个孩子、家务是自己一个人做孩子是自己一个人带之类的，不在讨论之列，太极端，你可能付出的方向不对。
>
> 有一句歌词唱得好：等待着别人给幸福的人，往往过得都不怎么幸福。
>
> 等待着别人给你想要的，往往得到的都不是自己想要的。

互动：增强读者参与感的方式

新媒体文章有一个很重要的特点，是互动比较方便。文章发出去，读者可以评论留言，作者还可以回复，互动性非常好。互动的好处，是能够拉近作者和读者的感情，读者和作者感情近了，会更认同作者传递的价值观，也愿意向作者倾诉、交流。而这个过程中，作者不但完成了和读者的互动，还可以找到新的写作素材。所以很多作者会在文章结尾处做一些互动设置，引导读者留言评论。

为了增强互动性，针对文章中的内容，你可以在结尾的地方设置提问。很多时候，读者看完一篇文章觉得很好，但是可能不知道怎么留言评论。如果作者有针对性地去提问引导，读者就会更积极地参与互动。比如：

> 如果有人肯在你艰难的时候说“我养你”，这依然是最美的情话。你要抓住机会，在被养的那一段时间，好好精进自己。
>
> 可以让人养你一阵子，但不要让人养你一辈子，只有一种动物会让人养一辈子，你们猜是什么？

如果你是读者，看到文章结尾的地方有这样一个提问，你是不是也会很想留言说出自己的答案呢？

另外，一篇文章，一直都是文字，虽然讲了很多东西，但对于读者来说，可能不是那么直观，冲击力没有那么强。在结尾的地方，可以晒一些照片，比如自己买的东西，或者刚刚拍的照，当然最好和整篇文章的内容相关。这些照片就会比较有冲击力，而且能够把大家的注意力吸引过去。读者看到照片后，会忍不住想要评论一番，说一下他们的看法。这样，就达到了互动的效果。

其他方式：号召、劝解和祝福会强化读者的转发行为

号召式，赋予更多人行动的力量

有一次我写了一个读者的故事，她一边带孩子，一边工作，

非常励志。结果评论里很多人说她很可怜，生孩子还要工作，老公也不负责任，现在的公司都太不会照顾孕妇了之类的话。她看到以后，非常震惊地跟我说："我没有想到居然有人认为我可怜？我之所以能过得好，完全是因为足够努力啊！如果仗着自己是孕妇，就要求各种照顾，怎么可能有现在的日子？我现在觉得写作真的太有意义了，能唤醒很多人。"

虽然说，每个人有不同的价值观，这些价值观并没有高低之分，但确实有些观点是积极的，对人生有利，而有些观点非常消极，对人生也非常不利。

在写这种类型的文章时，就可以选择用号召式的结尾方式，号召大家用正确的观念去生活、工作、恋爱。比如：

> 永远不要把年龄作为选择的标准，不管年龄多大，想要什么，就可以大胆地去要。不要嫌太晚，梅根 36 岁才嫁给王子呢，还有比灰姑娘嫁给王子这件事更在乎年龄的吗？
>
> 不管什么时候，要始终相信，自己可以，要始终把自己宠成公主。只有你足够爱自己，你才能相信会有奇迹，也才真正有可能发生奇迹。

劝诫式，读者自我警醒的方式就是转发

这一种和号召式有点像，号召式是告诉大家要怎么做，劝诫正好相反，它告诉大家不要怎么做。有些错误的认知，或者不太好的事情，可能很多人正好在做。在写文章的时候，就可以劝诫他们不要这么做。比如：

今天写这个话题，是因为真的见过很多把时间耗费在“管”上的女性，管孩子、管老公，辛辛苦苦还不落好。

有一种智慧叫“无为而治”，少干涉，别人更能发挥聪明才智，而你也会更轻松快乐。

祝福式，让读者更愿意回报你的善意

有一些情感类文章，以激发情感为主，这是一种比较好的情绪，那么在结尾的时候，也可以选择用好的方式，比如祝福。如果一些文章观点比较激烈，怕读者受不了，最后也可以用祝福式结尾，缓冲一下文章带给读者的痛感。每个人都喜欢听祝福，祝福式结尾能够激发读者内心深处好的情感，这种情感让读者觉得愉悦，从而更愿意传播。比如：

> 后来我慢慢明白，这是妈妈们最朴素的表达，她们心里有太多的爱，不知道怎么去表达，只能通过“吃”这件事来展现。毕竟，只有这件事是看得见摸得着，而且一日三餐都可以为你做的。
>
> 趁她们还做得动的时候，我们尽量多吃一点吧！
>
> 今天是母亲节，愿所有的妈妈们都吃得好睡得着，愿她们老得慢一点，再慢一点，让我们有机会多陪她们吃几顿饭。

第四章

可读性：让读者牢牢记住文章背后的你

经常有学员写作班上完几节课以后，特别苦恼地跟我说：小小老师，我学了结构、开头和结尾，终于知道一篇文章怎么写了，可是写出来连自己都看不下去怎么办？有时候三言两语就把一篇文章写完了，别说 2000 字，连 1000 字也写不了啊。即使硬着头皮写下来，也是干巴巴的，毫无美感。到底怎么才能写出一篇有可读性的文章呢？

写文章就像砌墙，有水泥，有砖，但是如何砌得美观，也需要一定的技巧。随便涂抹，肯定不会好看。试想一下，如果一篇文章里的人物读者很喜欢，觉得很真实，能产生代入感，而且描写非常有画面感，这篇文章是不是就有可读性了？答案是肯定的，那么我们在写文章的时候，就需要解决这些问题。

画面感：让读者感受到文字的呼吸

下面两个段落描写，你觉得哪一个比较有画面感？

1. 我有两个孩子，特别调皮，每天不是打架就是哭闹，要么就因为一点点小事吵得不可开交，还让我当裁判，真的很崩溃。

> 2. 大宝坐在沙发上看电视，二宝笑眯眯地跑过去，照着他的脸就是一巴掌。大宝愣了一秒，然后毫不客气地一巴掌打回来，二宝张开嘴哇哇大哭。我放下手里的抹布，跑出来训斥大宝：“为什么要打弟弟？”大宝也哇哇地哭了：“是他先打的我，妈妈你偏心！”天啊，这日子没法过了。

尽管段落一和段落二都在描写妈妈带两个孩子时的崩溃情景，但是段落一没有写出画面感，如果通篇都是这样的描述，读者很可能看得昏昏欲睡，很难体会有两个孩子的妈妈生活过得多崩溃。段落二画面感很强，读者在阅读的时候，就像看到电影里的一个画面，有了视觉的刺激，会更愿意看完整篇文章，而且也会觉得文章比较有趣，更能理解妈妈的崩溃。

知道了写出画面感会让文章更有可读性，那么，怎么才能写出画面感呢？

场景化：要让读者的目光有落点

把人物放在一个特定的场景里，在特定的场景里做特定的事情，这样比较容易有画面感。就像看电影，每一个镜头都有特定的场景，人物都在特定的场景里说话做事。比如：

> 半夜，韩梅从梦中醒来，摸摸额头，都是冷汗。她觉得口干舌燥，就倒了一杯水，然后咕咚地灌下了肚。
>
> 重新回到床上，疲惫不堪的韩梅想重新入睡。可是，

她的脑细胞却像一群兴奋的孩子，争先恐后地蹦蹦跳跳，一些她愿意想起、不愿意想起的事情，也像放电影一样在她眼前回播。然而，她根本无法控制放映机的开关。

这一段就把人物放在了夜晚卧室这样的场景里，第一句话“半夜，韩梅从梦中醒来”就交代了场景，在这个场景里，人物肯定要做一些事情，当人物开始做事的时候，画面感就出来了。这篇文章在“有故事的汤碗”这个公众号上推送的，阅读量 23000，点赞 325，远远超出了其他文章。

在写文章时，要尽量多地进行场景化描写，而不要叙述性描写。就是要把人物放在一个特定的环境里，让他在这个环境里做事，这样画面感就会非常强烈。比如要描写一个人很伤心，你写“他非常伤心，吃不下饭，睡不着觉，恨不得死了算了”，这种描写没有场景，就很难有画面感。如果你试着把人物放在一个特定的场景里，比如在餐厅里。你可以写：“他面前的食物堆得山一样高，他目光呆滞，大口吞咽，好像忘记了咀嚼。吃着吃着，眼泪流到了比萨上。”这样一下子就有了画面感。只要人物在这个场景里有所行动，画面感就很容易出来。

动态化：不要让文章成为“死水”

如果一个人一直静止不动，就很难有画面感，人物动起来，画面感会比较强烈。文字不同于电影，电影即使是不动，也有画面在眼前，但文字里的人物若不动，读者就看不到画面。因此在描写的时候，要学会让人物动起来。比如：

> 我看见他戴着黑布小帽，穿着黑布大马褂，深青布棉袍，蹒跚地走到铁道边，慢慢探身下去，尚不大难。可是他穿过铁道，要爬上那边月台，就不容易了。他用两手攀着上面，两脚再向上缩；他肥胖的身子向左微倾，显出努力的样子。这时我看见他的背影，我的泪很快地流下来了。我赶紧拭干了泪，怕他看见，也怕别人看见。我再向外看时，他已抱了朱红的橘子往回走了。

这是朱自清先生《背影》中的一个片段，提起这篇文章，很多人记得的就是父亲买橘子的这个片段，就是因为这个片段非常有画面感，所以大家印象会特别深刻，经久不散。

在这一段里，作者用了非常多的动词，比如父亲“蹒跚地走到铁道边”“慢慢探身下去”“两手攀着上面，两脚再向上缩”“我赶紧拭干了泪”“我再向外看时”。不仅父亲买橘子这个动作有画面感，包括作者的感动都有画面感。因为他并非站在那里一动不动地看着父亲，而是也做了很多动作，比如擦泪，向外看。因为这些动作，读者在阅读的时候就觉得非常有画面感。

在写文章的过程中，要尽量让人物动起来。比如写两个人坐在沙发上谈话，如果这两个人都一动不动，只是交流，读者很容易就视觉疲劳，只能看到他们交流的内容，而看不到画面。然而，如果他们两个人在交流的过程中，会不时地动一动，比如端起茶杯喝水，站起来走到窗边，拍掌大笑。加入这些动作以后，画面感就会比较强烈，可读性也会更强。

有些时候，你笔下的人物不适合动，但是又想要写出画面感，就可以用这个方法，让人物身边的东西适当地动一下。这个东西可以是无关紧要的，跟主题相不相关都没有关系，只需要用很少的笔墨让它动一下，整个画面会变得更生动，这样就有了画面感。

比如写一个人坐在河边钓鱼，这就是一件很安静的事情，不可能让人物动来动去。但是他一直坐在那里就没有画面感。这个时候，你可以写“平静的水面上冒出几个泡”“一只鱼忽然蹦出来，很快又落入水面”“一只蜻蜓飞过来停在钓鱼竿上”“鱼漂忽然往下沉了沉”。人物没有动，但是可以让人物身边的东西出镜，让它们动一下，从而营造出画面感。

形象化：要强化读者的感性认知

在描写一个东西的时候，如果只说它是什么，虽然没有什么问题，但读者很难在脑海里形成画面感，特别是一些不常见的东西。这个时候，可以选择把这个东西形象化，这样读者更容易理解，也更容易写出画面感。

- ❖ 那只怪兽非常高大，足足有 10 米高
- ❖ 那只怪兽非常高大，足足有三层楼那么高

第一种描写和第二种描写哪个更有画面感呢？肯定是第二种。你可能要说了，第一种描写也很具体啊，说出了具体的身高数，第二种描写反而比较模糊，为什么后者更有画面感呢？因为更形象，读者一看到“三层楼那么高”就大概知道是多高了，而很多人其实并不知道“10 米”具体有多高。也就是说，在描写的时候，一定要让读者马上能在脑海里形成具体的形象，这样才更容易有画面感。如果读者根本就不知道 10 米有多高，怎么可能有画面感呢？

比如描写一个人胖，你写“他身高只有 160 厘米，体重却有 75 千克”，读者很难在脑海里形成画面，因为不知道到底是什么样子。如果写成“他胖得像一个圆球，跟《减肥男女》中的刘德华有点像”，这就把一个人肥胖的样子形象化了，读者马上就能在脑海里形成一个画面。

在描述一件事物的时候，一定要让读者能够快速理解，这样就容易有画面感。

可信度：真实的东西更容易打动人

想象一下，你面前有两篇文章，一篇文章漏洞百出，看上去特别假，另一篇文章非常接地气，一看就是真实发生过。

你更愿意看哪篇文章呢？大多数人都会选择后者，真实的东西，读者才会觉得有意义。

很多人的成名作都是写自己的故事。因为自己的故事自己最清楚，每一个细节都很了解，不管怎么写，都很少会让读者觉得假。一些对于写作不擅长的人，如果能把自己的故事写出来，就不会太差。然而，当一个人写完了自己的故事，去写别人的故事时，常常就容易有漏洞，给人不真实的感觉。

如果能把每一篇文章写得真实可信，可读性就会更强，读者会更愿意看下去。那么，怎么才能让文章显得真实呢？

写出人名：某“朋友”的可信度远低于某人名

你一定在很多文章中见过这样的描述，比如“我有一个朋友，她最近不开心”“我的一位同学最近离婚了”“我的一位同事特别奇葩”……经常在一些文章下面看到读者评论：作者你的朋友真多呀，咋什么样的人都有？是真的吗？

你一直在文章里写自己的朋友，自己的同事，每篇文章都有，读者就会觉得不可思议，为什么你有那么多朋友呢？而且也会质疑这是不是真的。怎么解决这个问题呢？有个很简单的方法，写出当事人的名字，有名有姓，真实度就会高很多。比如：

> 前几天，艾米在微信上跟我说：老师，我是你的基础班的学员，虽然学完以后没有写多少文章，但是我

现在也靠兼职月入 8000 元了。你给我一个地址，我把自己手工做的阿胶糕给你寄一盒。

我一般不让学员寄东西给我，但这是她自己做的，而且就是靠做阿胶糕，短短两个月已经月入 8000 元了。因此，我得尝尝这个阿胶糕，不但要尝，还要把她赚钱的秘诀给挖掘出来。

她赚钱的故事很平淡，但我觉得正是如此，才对我们这些普通人更有启发。因此今天我把她的故事写下来，希望更多的人能够找到赚钱的道路。

这段话首先就写了“艾米”这个名字，而不是说“我们写作班有位学员”，目的就是增加真实感，打消读者的质疑。这句话一出来，读者就会知道，哦，这是个真实的故事。在写文章引用案例的时候，尽量写出人的名字。写“我的朋友李小梦”肯定比写“我有一位朋友”看上去更真实。

这篇文章发在我自己的公众号“汤小小”上面，因为这个故事并不是特别容易成爆款的类型，阅读量不算高，18000 左右，点赞数却有将近 200，远远超过一般文章的点赞比率，留言也将近 100 条。更有意思的是，很多人直接加了艾米的微信，要么请教方法，要么购买她的产品。后来艾米跟我说，那几天为处理各种添加好友请求和留言，真是忙得不可开交，为此，她又特意寄了一盒产品表示感谢。

有些作者会在文章里反复提到自己的某个朋友，提的多了，读者都会记住这个朋友的名字，下次一看到文章里有这个名字，就会本能地觉得是真的。比如我就经常提团队老师的名字，提助理的名字，还会提家人的名字，读者对这些人比较熟悉，很多人留言说我的文章看上去总是很真实，他们特别喜欢看。

如果你确实写的是某位朋友的故事，可以直接写出朋友的名字，当然前提是，这件事情是好的，写出来朋友会比较开心，不会给朋友造成困扰。如果事情是负面的，写出来朋友看到不开心，可以适当地做一些改动，比如换一个名字换一些细节之类的。如果你本来写的就是虚构的人物，那就无所谓了，自己取个喜欢的名字就好。这个方法很简单，也特别好学，而且很有用，大家马上就可以用起来。

写出关系：在陌生与熟悉之间构建可信关联

有些人本身有一定的知名度，而且跟作者关系比较好，直接在文章里写出他们的名字，比较好操作。然而，还有一种情况，你要写的人物跟你关系很远，如果你用“我认识的一个人”或者“有一个人”就没有真实感，读者会质疑真实性。

这个时候，可以尝试着写出这个人物和某个熟悉的人物之间的关系，例如“我妈妈有一位朋友”“助理胖妹玲的妈妈”。因为跟熟悉的人物有了一定的关系，读者也会觉得比较真实可信。比如：

> 这次聚会是我们团队老师“三月鱼”在负责，她老公帮了很多忙，把礼品往酒店扛，打包各种东西。他们家老人回老家了，孩子没人带，她老公就带着孩子来参加。
>
> 小孩不到 5 岁，正是调皮的年龄，无论吃饭，哄睡，还是出去玩，都是她老公一手包办。她老公的脾气真是特别好，从来不会因为孩子闹就生气。

这个段落里，如果写“一位朋友帮了很多忙”“朋友五岁的小孩很调皮”就没有真实感。如果我写“三月鱼”的老公和孩子，而“三月鱼”跟我关系比较近，经常在我的文章里出现，很多人都知道这个人真实存在，因此我写她的老公和孩子，真实度也会比较高，不会有人觉得我在瞎编故事。

如果你经常用“我的朋友某某”，可以偶尔换一下，用“我的朋友某某的老公”，比较新鲜，也同样有真实的效果。这里也有一个小技巧，如果说事情是真的，而且你要写的主人公距离你的关系特别远，比如是某位朋友的朋友的朋友的妈妈，你这样写的话，会把读者绕晕，因为大家根本没办法理清这中间的关系。这种情况，可以尽量把关系简单化，直接写某某朋友的妈妈，这样更好理解。如果你要写的主人公是虚构的，也可以跟自己的某个朋友挂个钩，写成“朋友某某的一位亲戚”之类的，增加真实感。

写出地名：激活人们的过往记忆

真实的地名能让你的文章更可信，地名包括城市名、街道名、饭店名，等等，如果写“我今天去了一个旅游胜地”，肯定没有写“我今天去了三亚”真实。所以我们在写文章的时候，可以加上真实的地名。比如：

在汉正街，他们买了很多衣服，还在“蔡林记”一起吃了饭。很多年以后，他依然记得当时的每一个细节。

这个段落里，写到了汉正街，写到了“蔡林记”，这两个一个是真实的地名，一个是真实的饭店名，读者就会认为整个故事都是真实的，真的发生在这个地方。

我有一次写了一篇《昨天我去了一趟归元寺，抽了一支签》，留言里很多人都说，一看到归元寺就赶紧点进来了，因为这个名字是真实的，熟悉武汉的人都知道它是武汉的一个景点。还有很多人看了我写的内容以后，纷纷说自己也要去归元寺求签。甚至有人特别激动，发现我居然住在离归元寺不远的地方，一下子觉得距离拉得好近。

有些作者写虚构的故事，把故事的主人公放在一个真实的地方，结果很多读者会去游历故事发生地，会为主人公的结局唏嘘，完全把假的当成了真的。记得很多年前在街头发的小广告上，我看到了一篇很假的文章。然后，由于里面有几处真实的地名，当时我就疑惑了，本能地觉得：这件事应该是真的吧，地名都对呀。

一般来说，写真实发生的事情，很少会犯常识性错误，因为真实发生的事情就算荒唐，逻辑也一定自洽。然而，如果写虚构的事情，很多人就容易犯常识性错误。

所谓常识性错误，即不科学的，解释不通的，或者与大众认知相悖的。比如你写一个女人怀胎一月就生了孩子，这就是不科学的。你写一个孩子生下来就会走路，除了神话故事，肯定大家是不相信的。例如：

> 她花了半年时间从零开始学会了英语，然后找了一份同声传译的工作。再次见面时，男朋友，哦，不，应该是前男友，看她的眼神里居然有了光。

这个段落里，短短几句话，却有一个致命的错误。一个人从零开始学英语，仅仅半年的时间就能做同声传译的工作，稍微懂一点的人一看就知道这是假的。这其实是我早期写作时犯过的一个错误，印象特别深刻，当时这篇文章发出来以后，就有读者因为这个错误，而质疑我写的这个故事是编的。这篇文章也因此成为点赞和转发都特别少的一篇文章。为了不让自己再犯类似错误，后来我专门拉了一个微信群，把各个职业人拉进去，每天讲解职业知识，写作时用到哪个职业，也会虚心请教。

一个小细节是假的，就会影响整篇文章，读者会觉得整篇文章都是假的，是作者瞎编的。因此，在写作的时候，一定要注意别犯常识性错误，这些不起眼的小错误，会毁了整篇文章。

一般来说，当对事情不熟悉时，人最容易犯常识性错误。然而，你不可能去了解世上所有的事情，那么就可以做一下变通，比如可以改一下背景，把故事安排在你熟悉的城市，熟悉的领域。本来一个故事发生在南京，你对那里不熟悉，可以把故事搬到你熟悉的城市；本来一个人的工作是医生，你对这个工作不熟悉，可以给他安排一个你熟悉的职业，这也是一种比较讨巧又高效的方法。总之，别犯常识性错误就对了。

辨识度：有印象才有影响

我每天都会点评学员作业。有一次，一位学员在不到1000字的小故事里面，写到了很多人物，但是直到看完，我也没有记住一个人。

很多读者看完某篇文章后，基本什么都记不住，在这一点上可以对比一下影视剧。观众看完影视剧后，也基本把故事情节忘得差不多了。不过，有时他们会对里面某些人印象很深刻。比如小龙女、猪八戒、孙悟空、武松、林黛玉……这是为什么呢？因为这部分人是有辨识度的。

世上人物千万，没有辨识度就会淹没在众人中。文章里的人物也一样，没有辨识度，读者就记不住，印象也不会深刻，甚至当时就看不下去，会觉得这个人太无趣了。写新媒体文章，只有短短的2000字左右，如果你的人物很有辨识度，读者就会喜欢看，仅仅是这个人物，就能吸引读者看完全文，而且对这篇文章印象会很深刻。因此，让文章里的人物有辨识度就变得非常重要。那么，怎么增加人物的辨识度呢？

外形：让读者能轻易建立起第一印象

一个人物出场，人们最先看到的就是他的外貌特征。现实生活里，这就是第一印象，如果这个人长着一张大众脸，身材和穿着打扮都不出众，可能见过很多次别人还是记不住他，相反，如果在这些方面他跟别人不太一样，就会比较有辨识度，别人看一眼就记住了。在描写外貌时，我们可以从以下几个方面入手。

首先是五官。人们经常会说，一个人长着一张高级脸，或者一张婴儿肥的脸，这些都是五官的特征。五官包括眉、眼、耳、鼻、口，在描述人物的时候，不一定要把五官全部写出来，只写一两个有特点的部分即可。如果把五官都写出来，读者要记得太多，反而不容易记住。

其次是身体。身体也能给人很直观的印象，一个人是高还是矮，胖还是瘦，都是他独特的外形特点。比如武大郎就是典型的身材特别，观众记不住他长什么样，但是一定记得他很矮。除了高矮胖瘦，身体上还有很多特征都可以去突显。毕竟，大多数人可能身高适中，胖瘦也适中，这个时候，就可以寻找身体上任何一个突出的点来描写。在描写人物身体的时候，跟五官一样，抓住其中一个亮点即可，不用各方面都介绍完整。

最后是衣着打扮。每个人都有不同的穿衣风格，也会有不同的打扮，这些不同，造就了人与人外形上的不同。抓住了衣着打扮的特点，也会让人物更有辨识度。《红楼梦》里，林黛玉初到贾府，身边人的穿着都大同小异，但是王熙凤一出场，林黛玉就觉得这个人物很特别，因为她穿得特别华丽，跟身边的人都不一样。如果你想突出某个人，让他穿着打扮跟别人不一样就好了。当然，并不是说要让文章中的人物天天穿奇装异服，而是尽量找他穿着打扮上的亮点去描述，哪个特点更容易让人记住就写哪个特点。

人物内心：让读者能够产生感情倾向

生活里，大家评论一个人，除了评论他的穿着打扮，还会评论他的性格。比如在办公室里，大家会议论新来的同事，说某某胆子小，某某胆子大，某某脾气火爆，这些都是在议论性格。

一个人的性格是最容易让人记住的，也最容易让人喜欢或讨厌。比如《红楼梦》里，王熙凤的性格是泼辣，林黛玉爱耍小性儿，薛宝钗则是圆滑识大体。不同性格的人，无论说话还是行为举止，都会表现得不一样。因此，想表现一个人物性格的时候，可以从以下几个方面入手去描述。

首先是说话方式。不同性格的人，说话方式一定是不一样的。一个爱吹牛的人，说出来的话肯定处处夸张，一个性格狂傲的人，说出来的话一定也很狂。网上有一个视频很火，关羽和张飞对刘备表忠心，关羽说出来的话深奥又文雅，而且说得很多，张飞只有一句话：“俺也是”。这个视频之所以大家觉得很有趣，是因为仅仅从这段对话里，就能看出一个人有文化，另一个人是粗人。有人说话直接，有人说话委婉，这些说话方式，都能够表现一个人物的性格特征。不过，一定要切记，人物的说话方式一定要和性格相符，一个没心没肺的人，忽然说出城府很深的话，这就不符合逻辑，这个人物也会因此变得面目模糊，因为读者完全迷糊了，不知道他到底是一个什么样的人。

其次是行为举止。《红楼梦》里的王熙凤，她出场时，人还没出来，别人就先听到她的笑语声。这个举动就特别有意思，当时林黛玉就想，这里人人屏气凝神，这个人怎么如此放诞无礼呢？这一个举动，就把王熙凤和这一屋子的人区分开来了，不仅在林黛玉心里，在读者心里也瞬间有了辨识度。不同的人一定有不同的行为举止，抓住最与众不同的那一个点去描述，给人的印象就会很深刻。

再次是处事风格。武松的处事风格是什么样子的呢？有仇一定要报。宋江的处事风格是什么样子？为了大局，宁愿做一些牺牲，宁愿委屈自己。一个脾气火爆的人，听到有人骂自己，可能跑过去就扇人家耳光，一个城府很深的人，听到有人骂自己，可能当时什么也不会做，但是找到机会就在背后使绊子，让对方付出代价。最典型的就是林黛玉和薛宝钗，同样一件不开心的事，林黛玉可能会伤春悲秋、哭哭啼啼地感叹人情冷暖，薛宝钗则不会太放在心上，还是逢人就笑。

另外就是心理活动。从一个人的心理活动上，读者也很容易知道这个人物的性格。比如优柔寡断的人，遇到事情时，他的心理活动会很多，而且不坚定，会左右摇摆；而一个果断的人，心理活动会少很多，也会比较坚定。不过，由于新媒体篇幅有限，所以心理描写不宜过多，简单的一两句能够勾勒人物性格或者推动情节发展即可。千万不要每一处都长篇大论写人物的心理活动，这样会让整篇文章情绪化很严重，也会让节奏太慢。

最后，还有人的个人喜恶。很多人都有自己的小爱好，比如有人喜欢吃小龙虾，一说小龙虾就抵挡不住诱惑。当然，有喜欢的东西，也一定有厌恶的东西，比如有人怕蛇。一个人的喜恶也能让他更具辨识度。如果，某人的喜恶与大众的普遍喜恶正好相反，是不是马上就会显得与众不同了？比如，别人喜欢美，他喜欢丑。因此，在写文章时，抓住一个人的喜恶，就能让这个人更容易被读者记住。当然，人的某些喜恶是外在的，另一些则是内在的。

什么是外在的喜恶呢？即别人肉眼能够看到的。小时候看武侠片，里面总有穿白衣服的少侠，而且一般还会拿着一把扇子。穿白衣，拿扇子，就是这个人物外在的喜好。还有一些人有特殊的动作，比如一高兴就摸鼻子，喜欢摸别人的头，喜欢甩头发，这些也属于外在的喜好。还有一些人，看到火就往人后躲，看到血马上就晕倒，这就是外在的厌恶。因为厌恶火，厌恶血，所以才会有这些反应。

只是一种喜恶，人物立即就有了辨识度。而且还有很重要的一点，人物的喜恶可以跟性格完全不同，人物的穿着打扮和行为举止跟性格紧紧相关，但一个人的喜恶却是可以跳出性格框架的，可以发挥的空间非常大。

猪八戒喜欢女色，王熙凤贪财，这些爱好则是内在的，并不能让人一眼看出来，都是通过一些具体的事情读者才知道的。同样的，一些人厌恶风险，厌恶别人向自己借钱，这些也是内在的，也没办法一眼看出来，也是需要通过一些具体的事情表现的。

标签：充分利用流行的“词汇库”

这是一个非常简单粗暴的方式，不去写人物的外形，也不去写性格、喜好，而是直接给人物贴一个标签。比如“傻白甜”“高帅富”“女汉子”……这些标签一贴出来，读者瞬间就记住了这个人物。比如：

她是“白富美”，嫁了一个“凤凰男”。当时爸妈不同意，她死活要嫁，以为有情饮水饱，结了婚才知道，嫁给“凤凰男”，就是嫁给他们整个村。

这段文字中，并没有写“凤凰男”性格如何，但是这个标签一贴上大家就知道会是什么样子。因为在普遍的认知里，“凤凰男”就是家里穷，家人亲戚事儿多，甚至整个村子有事都喜欢来求助。

给人物贴标签，要贴那些认知度比较高的，比如白富美，读者很容易知道是什么样的。如果你给人物贴一个很小众的标签，那么这个人物就不容易被读者记住。

对比：独特性是可以塑造的

大家想一下，平常生活中，如果几个人站在一起，怎样才能辨别其中的某一个人呢？把他和其他的几个人做比较就好了。比如，别人都很瘦，他一个人很胖，别人都很高，他一个人很矮，别人都不说话，他一个人在说话，这都是一种对比。这种对比，让读者瞬间就看出来这个人与众不同。比如：

公司晚宴上，女同事们都是晚礼服高跟鞋，化着浓淡相宜的妆，只有阿云，穿着平时上班的衣服，妆没化，头发也没有打理，站在哪里都显得很突兀。大家看着她，窃窃私语。

在这段话里，阿云是什么样的人，具体穿着什么衣服，有什么喜恶，读者都不知道，但是她却是整个晚宴的主角，读者很容易就记住她。这一切仅仅只是因为，她跟别人不同。因此，在写文章的时候，想让一个人物有辨识度，可以拿他跟其他人对比。这样，这个人物即使没有特色，也很容易被记住，有很高的辨识度。

代入感：让读者的情感深度渗透

人们觉得一个人不可理喻，经常会说："你是穿越来的吧！"有些文章下面的评论里，读者也会这样留言。文章写得很好，但是读者完全没有代入感，觉得这一切跟自己一点关系都没有，文章里的人物自己也不可能遇到，这样的文章读者根本看不下去。代入感是非常重要的，只有让读者觉得，这些事情自己也有可能经历，或者至少能够理解，他们才愿意花费时间把文章看完。

什么是代入感呢？代入感是指读者看到文章，会产生一种自己就是里面的人物的感觉。大家在看文章的过程中会发现，有些文章很美，但根本看不下去，看得一点感觉都没有，有的文章很朴实，甚至文笔粗劣，但却能让你看得津津有味，心情也随着文章起伏。这就是因为产生了代入感，那么怎样才能让读者对文章产生代入感呢？

普遍性：清理代入的门槛

写故事，写观点，还是写干货，都应该先想一想，你写的东西有没有普遍性？如果答案是肯定的，而你要写的东西又有一定亮点，就容易让读者产生代入感。相反，如果你要写的东西非常冷僻，读者的代入感就不强。比如：

> 1. 写一个妈妈在带孩子和事业平衡中遇到的烦心事，家人不理解，身边的人动不动就指责，整个人特别崩溃。
>
> 2. 写一个妈妈为怎么花钱烦心，老公每个月拿一大笔生活费给她，公婆也给了一大笔钱，她想着怎么把这些钱花得有价值。

大家觉得案例 1 和案例 2 哪个更容易让读者产生代入感呢？肯定是案例 1，因为这是大多数妈妈面临的状况，很容易调动她们的情绪，很多人会因此想到自己当初面临的艰难处境，代入感一下子就出来了。案例 2 就不具备普遍性，大多数妈妈都不可能面临这样的状况，所以也没有办法理解这位妈妈的烦恼，甚至会觉得她太矫情，觉得文章很假。

观点文和干货文也是一样，如果你在一篇文章中所表达的观点，大多数读者都不能接受，觉得太奇怪了，那就没有办法产生代入感。比如你写女人要自立自强，就比写女人必须依附男人更有代入感，因为后者是大多数人不能认同的，甚至是厌恶的。你写一篇干货类文章，也要让这些方法和经验是大多数人能用的，如果你写如何一天花 10 万元，不管方法多好，读者也会觉得很荒诞，因为这不具备普遍性，就算学会了，大家也没那么多钱花。

有些作者专走“实惠”路线，会写怎样用最少的钱买到最好的东西。这其实是读者普遍关心的问题，比较容易产生代入感。当然这里还有一个前提，就是先弄清楚受众群体是什么样的人。比如有些平台上的读者注重生活质量，他们看中的不是省钱，而是品质，那么你就要选择在这个群体中具有普遍性的东西描写。也就是说，这个普遍性并不是一成不变的，新媒体写作很重要的一点是要考虑受众，你的文章受众群体是什么样的，你就选择相应的话题。

另外，如果看到某个人跟你身份差不多，就容易对他产生同情或者认同，有一个成语叫“兔死狐悲”。为什么兔子死了，狐狸会觉得悲哀？因为他们的身份处境都是相同的。新闻上看到男性出轨的消息，女性读者就会比较愤怒，会觉得悲伤难过，而男性读者的愤怒就会少很多。也就是说，大多数人，都会更关注跟自己身份差不多的人。亿万富豪的生活是什么样的，或许读者会有猎奇心理，但很难产生代入感，很难理解他们的生活方式。

1. 写一个普通家庭出生的女孩，经过不懈的努力，最终成长为职场精英，这个过程中，吃了很多苦，也受了很多委屈，面临了很多的挑战。

2. 写一个“白富美”女孩，家庭背景很好，几乎没怎么努力就进了家族企业，成为企业接班人，走上人生巅峰。

这两个案例哪个更有普遍性呢？显然，案例1更有普遍性，因为大多数人出生在普通家庭，想成为职场精英，势必要吃很多苦，受很多委屈，面临很多挑战。案例2中的“白富美”只是很小一部分人，大多数人没有获得过这么好的资源，也没有家族企业继承，因此没有办法理解她的烦恼，也没有办法代入她的生活。

如果你的文章受众群体是普通的读者，那么文章里人物身份最好是案例1，如果文章受众群体就是“白富美”们，那就选案例2。当然，除了极个别平台，大多数平台都以案例1为主。

无论是塑造一个人物，表达一种观点，还是要分享经验方法，你都要从能让大多数人接受的角度入手，这样最容易让读者产生代入感。

接地气：帮读者说出他们的内心话

人物除了身份具有普遍性，语言动作也很重要。如果人物的语言动作和身份不符，太假、太做作，也难以让读者产生代入感。在写作的过程中，离不开人物的语言动作。因此，一定要让它接地气，真实，是人们平时看到的样子。

1. 有一次老公捉弄她，把一条玩具蛇放在沙发上，她最怕蛇，吓得够呛。公婆就在旁边，她也不好意思发火，就用眼睛瞪老公。结果婆婆说：你瞪他干什么呀？你看他那德行，给我打呀，不打能改吗？

2. 她看到婆婆拉着儿子的手，跳着脚，号啕大哭道：儿子啊，是我们没钱，不能给你们买房买车，是我们对不起你媳妇华华，你就让着她，对她好一点，天长日久，慢慢就捂热她的心了。女人可以没钱，但只要有爱就行。再则，离了婚，孩子没娘可怎么办啊？你就委屈一下吧，做人哪有不委屈的呀。

案例 1 和案例 2 你觉得哪个人物的语言动作更接地气呢？

案例 1 中，老公捉弄老婆的小把戏是有普遍性的，可能很多人都这样捉弄过别人或者被别人捉弄过。媳妇用眼睛瞪老公也很形象，不便发火的时候，可不就只能用眼睛瞪了吗？婆婆说的话也很真实，符合大多数人说话的习惯。因此，看到案例 1 的时候，就容易有代入感。当时这篇文章推送后，就有很多读者留言，说这个婆婆实在太好了，这对夫妻也很有意思，还有人讲了自己跟老公之间类似的趣事。

案例 2 也写了一个婆婆，但是很多动作和语言都不符合身份。比如跳脚号啕大哭，大哭的情况下还说得有理有据，这就不符合常理。另外，婆婆说的一些句子也让人难以接受，比如“女人可以没钱，但只要有爱就行”，这句太鸡汤，一个能跳脚大哭的婆婆说出这话很不协调。另外“天长日久”“再则”都不是一个跳脚大哭的婆婆能用的词，正常人不会这样说话。因此，案例 2 给人的感觉就很假，读者没有办法产生代入感。

为什么如此平常的一个生活场景，有人写出来有代入感，有人写出来就很假呢？最主要的原因还是缺乏观察。如果想当然地去写一个人物的动作和语言，就容易犯错，显得假。写作班里有些同学，为了写好故事，会专门跑到菜市场看别人说话做事的方式，这么努力的人，往往能够尽快把文章写好。

作为一个写作者，平时还是要多观察身边的人，看一下不同的人有哪些说话方式，一定要让文章里的人物和真实世界里的人物相似。尽管有些文章里的人物是虚构的，但可以拿身边相似的人来对标，这样就不会太跳脱。

攀关系：利益和情绪的关联很重要

每个人的生活环境不同，有时候写别人的故事，或者写一个很新颖的观点，可能读者没有办法完全代入，觉得这些故事和观点都离他们很远。这个时候可以考虑让这些事情和读者攀上关系。本来有些事情他们不能理解，但跟他们有关系以后，就会比较好理解，也很容易代入。

1. 为了这套造型，她花了整整大半年的工资。对于当时收入不多的她来说，这个投入真的很惊人。

试想一下，如果你一年工资 5 万元，有人告诉你，你适合跳槽，你敢拿3万元出来做简历吗？其实很多人不敢的，我很怂，我就不敢。

对于未知的风险，让我们拿少量钱去试错，大多数人可能会愿意，但是拿大半年的工资去试错，大多数人都不敢冒险。

2. 当你觉得一件事或一个人让自己质疑时，就要分析一下，是哪些地方不合理？这些不合理的地方，是因为你不了解，还是逻辑上说不过去？有没有办法找到靠谱的答案？比如说，你认为写作赚钱不合理，那就要先了解，写作是怎么赚钱的，然后才能确定它是真的不合理，还是假的不合理。分析完了不合理的地方，要分析一下，别人能做成一件事，用对了什么方法？这些方法能不能借鉴？比如别人升职了，要去分析一下，别人什么地方对了？这些方法你能不能用？能用的就用，不能用的不用。而不是想当然地认为人家靠关系，从而一票否决别人所有的优点。当你做了以上两步，就不会轻易觉得，别人赚钱只是运气好，别人买房是靠啃老，而是能从中学到有用的东西，从质疑别人变成被人质疑的人。用对方式，每一次质疑，都会让你成长。否则，只会让你嫉妒到扭曲。

案例1是先写别人的故事，再让读者来对标，这样能让读者更好地理解别人的做法，同时也能产生更强烈的代入感。那个故事其实有很多吐槽的点，在我写的时候就意识到了。显然，如果不能和读者攀上关系，很多人就理解不了，会说矫情。和读者攀上关系以后，这篇文章没有一个读者留言反驳，都表示完全合理，自己能理解。

案例 2 先写了一些热点事件，针对的是动不动质疑别人的“键盘侠”，这可以说跟大多数读者毫无关系，因为大多数读者都不是“键盘侠”。不过，我在结尾的地方，把这种质疑引申了一下，就和读者攀上了关系。很多读者因此留言说，看这篇文章学到了很多东西，而不是说这篇文章太浮夸，一点用都没有。

不管是表达观点还是创作故事，写作者都应该想一想，文章能不能和读者攀上关系？要知道，你所写的每一个字，都是为读者服务的。案例 2 本来是阐述某个观点“不要动不动质疑别人”。观点说完以后，后面一段就告诉读者怎么运用这个观点。读者瞬间就觉得该观点和自己是有关系的，愿意看完整篇文章，并给出好评。

另外，生活中我们经常看到这样的情景：有人骂老公如何不顾家，如何对自己不好。很多人也会跟着一起骂，甚至比当事人还生气。当大家跟着一起生气的时候，就觉得这事儿好像是自己家的，不帮当事人讨个说法心里难受，很容易持续关注这件事。读者也是一样的，如果一篇文章调动了他们的情绪，让他们觉得很愤怒，他们就会产生强烈的代入感，会把文章从头到尾看完，看完了可能还要留言表达自己的愤怒。所以在写文章的时候，要适当地调动读者的情绪，让他们的心情随着文章而起伏。

1. 那天傍晚，我下班时搭一位男同事的顺风车回家，在小区门口下车时，看见婆婆正在和保安闲聊，我立即有不祥之兆。

2. 果然，晚上肖汉刚回到家就把我拉进卧室，关上门说："我妈已经连续两次看见那个男人送你回家了，你是不是和他有一腿？"

这个案例中，只有短短的两段话，但是大多数人会觉得很愤怒，觉得婆婆特别多事儿，界限不清，总插手小夫妻的事，而男人也糊涂，和他妈站在一条战线上。这样的事情首先有普遍性，很多小家庭都经历过，因此很容易就调动读者的情绪。当读者的情绪被调动起来时，他们就很想知道事情的结局到底怎么样了，妻子会怎么反击，婆婆和丈夫会不会收敛。

在写文章时，可以挑一些事情或细节，把读者的情绪调动起来，让他们产生强烈的代入感。不管是写故事还是表达观点，这一点都是可以运用的。

有节奏：牢牢抓住注意力的技巧

一位读者跟我说：你的文章其实很普通，文笔不优美，故事不离奇，观点也不激烈，写的都是平常生活中的小事，可是很奇怪，我就是能从头到尾看完，就觉得看了开头就停不下来。其实，这是因为文章有节奏感。

如果你经常听音乐会就会发现，一旦音乐响起来你就觉得很舒服，想让它一直流淌下去。如果中途忽然断掉，你就会很难受。这种情况都是因为音乐有很强的节奏感。看有些电视剧，如果进展特别慢，节奏感特别弱，观众也会觉得看不下去，常常会弃剧。不论听音乐，看影视剧，还是看文章，都有节奏感存在。那么，怎么确定节奏感的快慢呢？先给大家看两个案例。

1. 她用两个月的时间找到了门面，又用一个月的时间装修好房子，然后美容店正式开张。到现在，已经半年了。

2. 她想找一个门面房，每天骑着单车在各个街道上逛游，有时候在一个地方蹲守半天，计算那个地方的人流量。她跟身边认识的人都打了招呼，有好的门面一定要通知她，有时候正在吃饭，有人一个电话打过来，她丢下饭碗，骑着单车就去实地考察。

案例 1 就是快节奏，短短的一段话，就把很多事情都讲完了，情节推动得很快。很多人写文章的时候，觉得一个明明很精彩的故事，可是自己三言两语就写完了，原因就是节奏太快。一首音乐如果快进，也会很快就播放完了。

案例 2 就是慢节奏，它把每个细节都描写清楚了，因此找门面的事情，就可以洋洋洒洒写很多出来。想让节奏慢的时候，可以在细节上下功夫。当然，如果写文章时，觉得自己太啰唆，很小的一件事能写几千字，那就是节奏太慢了。

知道了快节奏和慢节奏的区别，那么，在写作的过程中，具体要怎么运用，让文章节奏感恰到好处呢？

高低起伏。有一句话说，文似看山不喜平，说的就是这个道理。太平，没有起伏，就会看得人打瞌睡，根本看不下去。所谓高低起伏，即有平淡的叙述，也有让人紧张的高潮。

> 她想缓和与同事的关系，一次次主动示好，同事并不买账，总是冷脸相对。她决定放弃，既然缓和不了，那就这样吧。
>
> 就在这时，同事忽然主动跟她打招呼，还要请她吃晚饭，她不知道同事葫芦里卖的什么药，有些担心。
>
> 离吃晚饭的时间越近，她心跳得越快，一会儿想着要不要送点礼物，一会儿想着万一同事为难她要怎么办。
>
> 好不容易等到吃饭时间，她提前10分钟赶到，看到同事已经等在那里了。她小心翼翼地走过去，心也跳到了嗓子眼。同事热情地跟她打招呼，那顿饭，居然吃得波澜无惊。
>
> 同事说，她想通了，与其多一个敌人，不如多一个朋友，所以这次她来主动示好。

这个案例中，主人公想缓和与同事的关系，一次次主动示好，但同事都不领情，这就比较平。同事忽然主动跟她打招呼，这就是一个小高潮，一下子让读者吊起了一颗心，不知道这同事到底想干什么。同事请她吃晚饭，她一直很担心，这是伏，等她见到了同事，又是一个起，因为读者会再次吊起一颗心，觉得有重要的事发生。结果她们一起吃饭，这又比较平。很简单的一个生活日常片段，但是有高低起伏，有转折，有高潮，读者的心就会随着故事情节时上时下，文章因此就有了节奏感。

如果这一段这样写：她想缓和与同事的关系，主动示好，同事总是冷脸相对，后来她干脆就放弃了。这样写的话，就太平了。因此，在写文章时，不管多小的事，都要让它有起有伏，这样节奏感自然就出来了。

快速切入。新媒体文章本身篇幅不长，而且新媒体的读者留给一篇文章的时间本来就很短，如果开头第一段不能迅速吸引他们，可能就会被弃文。因此，写新媒体文章，节奏不能太慢，特别是开头部分，一定要快速切入正题，不要花大篇幅去描写背景，描写一些无关紧要的事情。

1. 平安镇虽然是个镇子，却抵得上小县城的繁华。

小镇依山而居，山是宝山，蕴藏着金矿，十几年前，开矿的人蜂拥而至，平安镇就这样繁华起来。

近些年，随着政策收紧，一些乱采乱挖的个体户被依法取缔，再说，哪有挖掘不尽的宝藏，经过多年的采掘，宝山也快成空山了。

掘金“风口”过后，平安镇虽然不再人潮熙攘，却也算是瘦死的骆驼，大骨架放在那里，和别的镇子比起来，还是要繁华很多。

杨狗在平安镇最繁华的主街道上，开了一家饭店，专卖牛肉丸子汤。这牛肉丸子汤，可当早点，也可作午餐和晚饭，一天到晚食客络绎不绝，生意十分红火。

2. 今天的这个故事是写作群一位学员的亲身经历。她希望故事被人知道，但是不希望自己被人知道，因此今天我们用化名，叫她阿兰。

阿兰的前半生，可以用凄惨来形容。真的，我就没见过那么惨的人。

她在一家学校当老师，算是不错的工作了，虽然不至于大富大贵，但稳定啊，很多人找女朋友，不就喜欢找老师吗？

不过，她运气太差，不是正式编制，学校也不景气，总之，工资特别低，低到她连买一个鸡蛋都舍不得，手里从来就没有拿过500元钱。

因为穷，身边几乎没有亲戚朋友，连亲兄弟都看不起她，只和妈妈相依为命，妈妈身体又不好。

案例1切入就不够快，花了很多篇幅写故事背景，告诉读者平安镇是个什么样的情况。然而，读者为什么要对平安镇感兴趣呢？他们根本就不知道平安镇跟自己有什么关系，跟文章中的人物有什么关系，别说喜欢，连基本的认知都没有，这个时候去介绍，读者并不感兴趣。这篇文章是一位作者的投稿，这个开头让我差点弃文，之所以没有弃，是因为这位作者是编辑特意约稿的，所以硬着头皮看了下去。

案例2切入很快，只用了一段交代背景，然后就开始讲主人公的故事，这样读者就容易看下去，不会觉得看了半天不知道文章在讲什么。这篇文章我写了将近 3000 字，一般来说，超过 2000 字，就属于比较长的文章，读者很难有耐心看下去。然而，这篇文章在我个人公众号上阅读量 38366，点赞 488，评论将近 200，从点赞和评论可以看出来，大多数读者看完了整篇文章。在今日头条上，跳出率只有 20%，说明 80% 的读者看完了整篇文章。

在讲一件事情时，背景一定要快速切入，要用快节奏，不要长篇大论。

案例 1 的作者写完文章以后，我告诉她，不要写那么多的背景，要尽快切入。但是她说，这个背景非常重要，后面的故事跟背景有关，不介绍清楚其他的情节就不好展开。面对这种情况我们要怎么办呢？其实，可以慢慢地渗透背景，或者在读者熟悉了文章，已经被吸引的时候，这时再去介绍背景，读者不容易反感，更能看下去。

记住，刚开始一定要快速切入。

有动有静，动静结合，也能让文章有节奏感。试想一下，如果两个人坐在那里聊天，不管聊多久，只要他们不动，这个节奏就是不变的，非常平，读者看得会昏昏欲睡。如果一直动，读者看多了也会觉得眼花缭乱。所以在写文章时，要动静结合，不要一直写静态的画面，也不要一直写动态的画面。一直写静态节奏太慢，一直写动态节奏又过快。

吴云看着王刚，轻声问：你到底打算怎么办？

王刚没说话。

吴云又问：你到底打算怎么办？

王刚终于开口，轻声说：我也不知道。

吴云站起来，哭着跑了出去。王刚重重地叹了口气，一个人坐在那里发了半小时呆。

这个案例，两个人坐在那里聊天，是静态的，“吴云站起来，哭着跑了出去，王刚重重地叹了口气”这些是动态的描述，有静有动，就让整个片段充满了节奏感。因此，要记住，在写文章时，不要一直静止，静了一会儿，就要想办法让人物动起来。

前易后难，困难升级。如果你写一个故事，主人公遇到的困难始终都是差不多的。读者很难一直读下去。当人物遇到的困难都差不多的时候，整个大的节奏就是平的，就像在高速公路开车，路很平，即使速度很快，还是想要打瞌睡。因此，在写故事时，要让主人公遇到的阻碍层层升级，刚开始困难比较容易，然后越来越难，不断升级。这样，整篇文章的节奏就会比较好，不会让人打瞌睡。

她和男朋友恋爱时，父母不同意，觉得男朋友不靠谱，费了九牛二虎之力，好不容易父母同意了，结果，男友做生意赔了，一下子损失几十万。这回，父母说什么也不同意了，以前嫌男朋友不靠谱，还是凭感觉，现在可是有事实依据了，不但不靠谱，以后还穷。

这个案例中，两个人刚开始遇到的困难是女方父母不同意，不同意的原因仅仅是因为觉得男方不靠谱。然而，后来困难升级了，男方做生意失败，赔了钱，女方父母这下不但是觉得男方不靠谱，而是有事实依据了，同时还加了一条，嫌弃男方穷。这时候，两个人想要解决这个困难，就会比解决第一个更棘手了。

这就是困难不断升级。只有困难不断升级，读者才会始终为主人公担心，而主人公的应对方法也会不停升级。如果困难一直重复，却不升级，读者就会失去阅读的欲望，会觉得主人公反正一定能解决。另外，困难升级，也更能突出主人公的性格，让主人公越来越深入人心。

第五章

文笔：从细节上提升文章的质量

经常有人说，自己文笔不好，担心写不好文章，从而迟迟不敢下笔。现在请看一下，以下几段文字，你觉得哪一段文笔好？

1. 那一路，黄沙弥漫，风雪连天，心里的惊恐像孤雁哀鸣。谁都不知道，前方等待自己的是什么，而故国渐行渐远，远到无论怎么眺望，都看不到一丝似曾相识的烟火。

2. 古人对王宝钏的评价特别高，小时候我奶奶最喜欢讲王宝钏的故事。想想看，一个富家小姐，嫁了个穷小子，苦守寒窑十八年，真是坚贞不渝，值得敬佩。听上去很感人，可是只有身在其中才知道，这十八年到底有多难。

3. 一天，阿梅和王昊一起吃饭，阿梅突然接到“闺蜜”瑶瑶的电话。原来瑶瑶要来阿梅居住的城市出差一周，现在让阿梅去接她。阿梅挂了电话，跟王昊说，“闺蜜”瑶瑶要来她居住的城市出差一周，让自己现在去接她。

可能你会觉得，和其他几段比起来，明显第一段更优美，这样的文笔会更受欢迎。事实上，能写到第二段这样，语句通顺，把事情表达清楚，就已经算好文笔了。新媒体文章不需要文笔特别优美，只要通顺，而且能让读者秒懂，没有阅读障碍，就算合格。因此，很多人担心自己文笔不好，写不了文章，都是杞人忧天。

我曾经有一系列文章写过古代女子，用了两个风格，第一种风格与第一段落类似，文笔比较优美，第二种风格则很像第二段，文笔朴实。这两种风格的文章我都在自己的公众号“汤小小”上发过，第一种风格的阅读量和点赞量普遍偏低，虽然也有一部分读者特别喜欢，但大多数读者并没有耐心看完，因此我只选择在周末的时候推送。第二种风格的文章则频频出现阅读量过 3 万的情况（当时我的公众号上的文章，平均阅读量在 2.5 万，3 万算数据比较好的），而且留言点赞都比较多，明显读者更喜欢。在其他平台，第二种风格的数据也比第一种风格的好，而且，那个月“涨粉”也明显要好很多。至今我的公众号仍然保留着该栏目。

在以上三段文字中，有问题的是第三段，描述重复啰唆，而且衔接不是很自然。不过，问题也不是特别大，读者也能看懂，作者只需要在修改的时候再精简一下，让语句再自然一点就好。大多数人应该都能写出第二段那种风格的文字，再不济，也不会比第三段差多少。

写作和说话一样，原则上来说，你会说话就会写作，不过就是把语言变成文字而已嘛。因此，你根本不用担心自己的文笔，只要动笔写，就是胜利。另外，文笔这件事情肯定是通过慢慢练习提升的，写得越多，文笔就会越好。相反，你只是担心，却始终不动笔，文笔永远也不会变好。

精进：文笔是可以练出来的

文笔是可以慢慢练习的，写作跟任何手艺相比大同小异，想要折好一朵纸花，需要反复练习，一遍遍拆掉重来。想要叠好一件衣服，也需要一遍遍练习，最后才熟练到闭着眼睛都能叠。写作也一样，文笔不好，可以每天花点时间练习，一点点积累，文笔就会变得越来越好。有一些简单的技巧，可以帮助你轻松地练出好文笔。

技巧一：扩展法

上学的时候很多人做过一种语文题，叫“扩句”。其实，这就是练习文笔的好方法。如果在写作的时候，你觉得自己写出来的句子干巴巴的，没有一点美感，就可以试试用这种方法。例如：

风吹进来，很冷。

这句话很简短，看了没什么感觉，可以用扩展法，一点点地增加东西。

1. 北风呼呼地吹进来，很冷。

2. 北风呼呼地吹进来，像有人在用力地拍门，门哐当哐当响，很冷。

3. 北风呼呼地吹进来，像有人在用力地拍门，门哐当哐当响。他觉得很冷，像冰浇在了骨头缝里。

句子 1 加了“北风”，句子 2 又加了北风吹进来时的样子，“像有人在拍门”以及“门哐当哐当响”。句子 3 则又加入了在北风下人的感受。一点点扩展以后会发现，句子变得越来越有画面感，包含的东西也越来越多。句子 3 跟句子 1 比起来，已经好了几个档次。在运用扩展法的时候，可以从以下几个地方入手。

加形容词。例如“风吹进来”，在扩展的时候，前面就加了形容词“北风”“呼呼”。有了这些形容词，风就变得更具体，更与众不同了。

用比喻。用比喻可以让你描述的东西更形象，例如“像有人在用力地拍门”“像冰浇在骨头缝里”都是用的比喻。这样描写，读者对风的印象就会更深刻。

多延伸。在写句子的时候，要学会延伸，不要只看到一点。例如“风吹进来”，就可以延伸想一下，风吹进来以后会发生什么呢？风吹进来以后，肯定会有响动，“门哐当哐当地响”就是延伸出来的。由点及面，哪怕是简单的一个风，也能延伸出很多东西。

技巧二：启动感官法

有一些句子，虽然很优美，但是读者看完以后并不会被触动，会觉得这些都跟自己无关。因此，仅仅让文字优美是不够的，还要让文字和读者的距离更近。那么，怎样才能让读者跟文字的距离更近呢？

其实，读者和作者的感受是相连的。在写作的时候，可以启动感官，让眼、鼻、耳、口或身体其他的部位都参与到文字中来。这样，当读者看你的文章时，就不会觉得那些文字冷冰冰的，而是会产生各种感觉。例如：

> 他艰难地蹚过一条河，一屁股跌坐在草丛里。

这样的文字就比较有距离感，读者并不知道过河的过程是怎样的，也就无法体会有多艰难。如果启动感官，就可以写出不一样的文字：

> 双脚一踏进河里，他就倒抽了一口凉气，河水太凉了，像无数小冰锥往骨头里钻。忽然脚下刺痛，他腿一软，差点跌倒。河面上升起丝丝血迹，他抬起脚一看，脚底扎进了一块碎玻璃。又凉又痛，他觉得全身都快麻木了。好不容易蹚过河，一屁股跌坐在草丛里。

这一段里，写出了一个人身体的感受，“河面上升起丝丝血迹”是视觉，“河水太凉了”“又凉又痛”“全身都快麻木了”

是触觉。只用了两种感官，但是给读者的感觉就会不一样。读者对河水的凉，以及脚扎进玻璃的痛，就很容易感同身受。这样的描写，就能让读者更容易代入到主人公的身上，更关心主人公，这样一来，当然也就更愿意看完整篇文章。

即使只是写景色，如果能调动感官，也会比较有画面感。例如：

> 月光像流水一样洒下来，四周只有虫子的鸣叫声，轻轻推开面前的那扇门，一种霉味扑面而来。门框有些硌手，上面布满灰尘，应该很久没有人来过了。一阵风吹过来，凉飕飕的，他忍不住打起了寒战。

这短短的一段文字里，其实调动了很多的感官。“月光像流水一样洒下来”，视觉；“四周只有虫子的鸣叫声”，听觉；“一种霉味扑面而来”是嗅觉；“门框有些硌手”“凉飕飕的”，触觉。因为这些感官被调动起来，读者就仿佛置身于这样的环境，觉得眼睛看到了个东西，鼻子又闻到了一种味道，耳边还有虫子的鸣叫声，风凉飕飕的，画面感就会在脑海里迅速形成。在使用感官法的时候，注意以下两个问题：

不用一次性使用所有感官。在写作的时候，不一定把所有的感官都用上，那样反而太杂太乱，只要选择性地用上一两种，文字就会更有亲切感，更能让读者感同身受。

刺激量要足够。如果你只是写自己看到了某样东西，虽然是启用了视觉这个感官，但是很难给读者留下深刻的印象，如果你看到的这样东西很特别，印象就会更深。触觉也是一样，如果是不痛不痒的触觉，很难调动读者的感官，但是如果这个触觉很刺激，比如凉，痛，烫，读者的感受也会更深。

技巧三：具象法

有些东西，如果不具体、不形象，就很难给人留下深刻的印象。比如你说自己在吃水果，别人就很难留下印象，你说自己在玩，别人也很难有印象。如果你说自己在吃榴莲，一屋子臭味，自己在爬山，双腿已经酸了，手还被树枝划了口子，别人的印象就会比较深。在写作的时候，要尽量让所描述的东西具体而形象。例如：

❖ 他开着一辆红色的车

❖ 他开着一辆跟火一样红的宝马 X6

句子 1 的描述比较笼统，很难给人留下深刻的印象。句子 2 给红色了一个界定，像火一样，而车是宝马 X6，无论是车的款式还是颜色都非常形象具体。这样的句子看起来就会更吸引人，让读者觉得更亲切。这也要求作者，平时注意观察，积累，遇到不确定的东西，可以查一下资料，了解更多的细节。这样在写作的时候，才能运用自如。

❖ 她很喜欢用这款护肤品，效果很好

❖ 她很喜欢用这款面膜，每次用完以后，感觉脸都像剥了壳的鸡蛋，又光又滑，一连几天都光彩照人句子 1 描述得很模糊，只说了护肤品，效果好，但是到底是什么样的护肤品，效果好到什么程度？看不出来，而太模糊的东西并不方便记忆。句子 2 描述得很具体，也很形象。所谓的护肤品就是面膜，其效果是用完以后脸像剥了壳的鸡蛋，又光又滑，一连几天都光彩照人。很显然，句子 2 的描述更生动，读者更容易记住。在运用具象法的时候，可以从以下几个方面入手：

精确。把事物精确到最小单位，比如宝马 X6、面膜，跟车、护肤品比起来，它们就是比较精确的。火一样的红色，跟红色比起来，也更精确，读者的印象也会更深。越精确、生动，越方便记忆。

具体。例如“效果好”，这样的说法就很笼统，不够具体。不过，把具体的效果描述出来，说像剥壳的鸡蛋，几天都光滑，读者就很容易记住，并且对这个效果印象深刻。

技巧四：杀生法

人的大脑更容易记住自己熟悉的东西。比如一个英语不太好的中国人，更容易记住中文名字，哪怕英文名字更简单，也很难记住。在平时聊天的时候就会发现，如果所聊的话题是大家都熟悉的，那么所有人就会听得津津有味，而且偶尔还会参与讨论。如果所聊的东西对于大家来说都很陌生，不一会儿所有人都会打瞌睡。因为插不上话，他们就会觉得所聊的东西跟自己一点关系都没有。写文章的时候，也要尽量写读者熟悉的，如果你写的东西读者完全是陌生的，他们就很难有耐心看下去，也很难记住。

❖ 她准备去考注册消防工程师的证书

❖ 她准备去考注册消防工程师的证书。该证书的考试号称史上最难，第一年全国通过率仅有 0.9%

句子 1 读者看了完全记不住，因为很多人对消防工程师证书没有什么概念，并不了解这个东西。看到这里只会觉得很枯燥，也不会觉得主人公想考这个证书有什么大不了。

句子 2 则把这个证书往熟悉的东西上靠，比如“号称史上最难”，全国通过率只有 0.9%。读者对这个证书没有什么概念，但是对“史上最难”这些说法很熟悉，对“通过率低”也熟悉。因此一看这些熟悉的东西，就明白这个证书考试有多难了，就会知道主人公做这个决定非常不容易，能通过更是非常厉害。

句子 2 是我在写一位学员故事的文章中用到的，很多读者看过以后，留言表达了对这位学员的敬佩之情。大家觉得她好厉害，这么难考的证，她居然考了下来，自己就是太懒了，没有别人有斗志，因此才没有别人过得好。虽然这位学员考的很多证书大家都不熟悉，但用“杀生法”写出去以后，读者有了基本的了解，就意识到了别人做了多么了不起的事。这篇文章的点赞、留言也比较多，虽然没有成为超级爆款文，但却是读者喜欢并认同的文章。

在写到大多数人陌生的东西时，要想办法用大家都熟悉的东西去解释，这样写出来的文字就会更生动，更容易记忆，读者也更愿意看。具体的使用方法，可以用下面两种：

用数据说明。比如“该证书的考试，号称史上最难，第一年全国通过率仅有 0.9%”这句话，就是用数据做说明。因为这个数据，读者对前面所讲的注册消防工程师证书就有了更明确的了解。一旦对某事物了解了，人们对于它也就从陌生变成了熟悉。

用大家熟悉的东西解释。比如说，写“这款护肤品里用了传明酸，效果非常好”，但是读者并不知道传明酸是什么东西，因此也不会觉得这个护肤品有什么好。然而，如果写“这款护肤品里用了传明酸，也就是资生堂的主要成分，效果非常好”，虽然读者还是不明白传明酸是什么，但由于他们对资生堂熟悉，所以就会知道，这是大品牌用的东西，质量有保障，效果很好。当你解释不清楚一个具体的东西，或者解释起来也很枯燥的时候，最好的方法就是用大家熟悉的东西去解释。哪怕最终大家还是不知道这个东西到底是什么，但他们会记住这个东西跟与自己所熟悉事物的关联。

技巧五：近义词替换法

如果你写文章时，经常翻来覆去就是那么几个词，那么估计你自己都会觉得很枯燥。这样的文字不但没有美感，连最基本的吸引力都会变少。想想看，如果你去买衣服，店里的衣服只有少得可怜的几种款式，你是不是会觉得这家店根本不值得去转？如果一篇文章没有任何新鲜的词语，甚至一个词语反复多次地用，不但读者看不下去，连作者自己都会觉得没意思。在这种情况下，你可以用近义词替换的方式，来解决这个问题。

❖ 她穿了一件漂亮的红衣服，穿了一双漂亮的白鞋，整个人看起来真的非常漂亮

❖ 她穿了一件款式别致的红衣服，一双优雅的白鞋，整个人看上去真的美极了

句子 1 中，所有的形容词都是漂亮，一个句子中连续出现 3 次，就会审美疲劳。句子 2 就做了近义词替换，第一个“漂亮”替换成了“款式别致”，第二个漂亮替换成了“优雅”，第三个“漂亮”替换成“美极了”。虽然表达的意思一样，但明显第二句更有美感，不会那么呆板枯燥。在使用近义词替换时，要注意以下几个问题：

新鲜感。有些词语使用的频率特别高，替换的时候，尽量替换成有新鲜感的词语。比如“漂亮”就是使用频率很高的词，很难给人新鲜感，但是“款式别致”相对来说用得就少一些，用它来替换，就更新鲜。尽量不要用一个使用率很高的词语替换另一个使用率很高的词语，虽然那样描述上有所不同，但给人的感觉依然是滥俗。偶尔写几个新鲜的词，就像撒在盐堆里的几颗珍珠，会让人眼前一亮。

要精准。不管词语怎么替换，表达的意思必须精准，比如你想替换“性格强势”这个词，可以用“性子烈”“他说一不许人说二”，表达的意思都是一样的。但是如果你用“性格很坏”就不精准了。因为“性格很坏”和“性格强势”表达的意思是完全不一样的。因此在替换的时候，一定要做到精准。

语言：让你的表达方式更丰富

很多人之所以文笔不好，最大的问题是词汇量太少。虽然说新媒体写作不要求文笔很优美，但基本的词汇量还是要有的。如果你只有少得可怜的几个词汇，肯定会影响文字表达。

总有人说：我文笔不好，词汇量太少，是不是书看得太少呀？还有人说：我看别人写文章的语言特别好，可是我自己就写不好，到底要怎么办呢？无论看书还是看别人的文章，很多人都会惊叹别人的文笔真好，也会觉得某句话真好。可是轮到自己，怎么都写不出来。

记得上学的时候，我们班上很多同学都准备了一个本子，看到好词好句就会记在上面，天长日久，上面记得密密麻麻。还常常互相借阅，一起讨论别人的文笔的优点。其实，书中这些好的词句，你完全可以把它变成自己的。

记录：养成不断积累的习惯

想把别人好的词句变成我们自己的，首先第一步就是要大量记录。另外，就是要把记录的范围尽量扩大。书籍，别人的文章，名人名言，普通人说的话，都可以分类记录。你可以着重记录以下这些类别：

词语。大多数人遇到的问题，是觉得自己写作所用的词汇量非常有限，翻来覆去就是那么几个。如果你正好就是这种情况，就可以大量记录新鲜的词语，即那些你不知道，或者知道了也记得不牢，且很少去使用的词语。最好的方法是买本词典或者成语大全之类的工具书，没事儿的时候就翻一翻，上面有海量的词语可以记录。你顺便还能了解这些词语的多层意思，甚至一些和词语有关的典故。每天记 10 个，一日日坚持下去，积累的词汇量就会非常惊人。

金句。不管是书籍还是别人的文章，里面都会有很多金句，这些金句简练且有哲理，读起来朗朗上口，具有美感。还有一些名人名言，以及身边普通人说的话，如果你觉得比较好，就可以及时记录下来。新媒体文章特别强调金句，一篇文章里有金句就更容易传播，也更容易让读者记住，这些东西都需要积累，如果不积累，写文章时临时去想，就很难想出来。因此，平时要多记录一些金句，只有记录得多了，看得多了，自己在引用或创造金句的时候才会更容易。

长句或段落。有一些句子可能算不上金句，但是特别美，还有一些段落描写也非常新奇，你觉得特别好，但是自己又写不出来这样的，就可以记录下来。这些文字记录下来以后，要时常拿出来看一看，不要让它躺在本子上睡大觉。如果只是记录，从来不看，也从来不用，记录了再多也很难提升文笔。除了记录和经常看，最重要的，还是要经常用。

运用：有意识地进行强化

记录了以后，最重要的是用。有人恨不得一篇文章就把所有的好词好句都用上，但是结果往往事与愿违，发现自己还是什么都记不住，就算翻出记录本勉强用上了，下次再用的时候，估计又忘了，还得翻本子。这个动作会非常影响写作速度，你不可能每次写文章的时候，都去翻看记录本。

这就叫欲速则不达，越是急于把所有好词好句用上，越是记不住。提高文笔是一个长期的过程，因此心态一定要好，不要着急，而是要慢慢来。你可以每次只用一两个词语，在多篇文章中反复用。比如之前没有用过“流光溢彩”“风雨飘摇”这两个词，那么你在写文章的时候就尽量去用它，只要合适的地方就去用。几次之后，你就会发现，这两个词语已经牢牢记在自己的脑海里了。下次再写文章时，它们就会不知不觉就从脑海里蹦出来。

达到这种境界以后，可以再换两个词语用，一段时间以后，你会发现自己的词汇量已经丰富了很多，不再通篇反反复复只用仅有的几个词。这个过程比较漫长，但是每用一次，你都会进步一点，只要坚持下去，无形中文笔就会变得更好。

掌握：通过沉淀发现规律

经常有学员问：我写不出来好的句子，也写不出来好的段落，我直接用别人的行不行？

从别处记录下来的词语或歇后语是可以直接用的，但是一些句子和段落，如果直接用的话，就属于抄袭了。那你可能要问了，既然不能直接用，干吗还要记录下来呀？不是浪费时间吗？不能直接用，但是你可以总结规律啊。比如看到别的作者写了一段话，你觉得写得特别好，那么你就可以分析一下，它好在哪里，有什么规律？找到其中的规律，下次写文章的时候，就可以也用这样的方法。

> 其实，从平时的言行里，很容易看出一个人是不是靠谱。你做的每一件事，说的每一句话，都会成为别人打量你的标准。因此，平时的一言一行都是非常重要的，你就是自己的贵人。

现在来分析一下这个段落，第一句做总结，说出一个现象；第二句说出这个现象的具体表现；第三句得出一个结论。总结出这个规律以后，在写文章的时候也可以在某个段落里用这样的方法，比如写一篇感情文，就可以这样写：

> 其实，从他平时的一言一行里，很容易看出他是不是真的爱你。他做的每一件事，说的每一句话，每一个眼神，都是衡量爱的标准。因此，他到底爱不爱你，看他平时的表现就知道了。

这个段落模式就是模仿前面那段话而来的，如果换一下内容，又会是另一个全新的段落，只要掌握了规律，内容可以任意填充。平时你就可以通过这种方式，拆解出很多好的段落模式，然后为己所用。

具体到某句话，也可以总结出规律，然后按照该模式去写自己的句子。例如：

> 你做的每一件事，说的每一句话，都会成为别人打量你的标准。

这句话的模式就是先写多个细节，然后做总结。现在根据这个模式，可以写出新的句子：

> 你爱过的每一个人，吵过的每一次架，栽过的每一个跟头，取得的每一场胜利，都是你人生的一部分。

这句话同样用了前面一句话的模式，只是内容不同。只要善于去总结规律，好的句子和段落都可以为你所用，根本不愁写不出好段落，好句子。

金句：为文章注入“爆款”基因

有位学员连续被拒稿，她特别不理解。把文章发给身边的人看，大家都说挺好的，她自己也看不出来什么问题。然后她很郁闷地来问我，是不是平台都不喜欢用新人的文章，是不是新人的文章无论写得再好，都很难发表？其实，不止一个人有这样的疑问，特别是那些文章写得还不错的作者，如果一直不上稿，就会怀疑是不是新人没有机会。

我看了她的文章，确实没什么大问题，主题鲜明，详略得当，文笔也不错，但有一个很不容易察觉的问题，就是所有的语言都是大白话，特别普通，没有一句让人眼前一亮。

可能有人要疑惑，你前面不是说，像说话一样写文章就可以了吗？一篇文章里所有的语言都是大白话，有什么不对吗？没什么不对，让你像说话一样写文章，是希望你从心底里觉得，写作不是一件艰难的事情。然而，当你能够轻轻松松写出文章的时候，肯定就要想办法更上一层楼，让自己的文章能从众多的文章中脱颖而出。

我们的写作班请很多大平台编辑分享了用稿要求，几乎所有的编辑都会强调，一篇文章中一定要有金句。所谓金句，就是让人眼前一亮的句子，一般来说，这样的句子特别有哲理，是智慧的闪光点。为什么文章里必须有金句呢？

第一，金句便于文章更好地传播。很多读者看完一篇文章，喜欢转发到朋友圈，金句就可以直接复制过来作为推荐语。对于读者来说，这个步骤比较好操作，他们就愿意传播。如果没有金句，读者想转发到朋友圈，还要想推荐语。然而，对于大多数人来说，写一段推荐语，并不容易。

第二，金句便于记忆。普通的句子读者看完很容易就忘记了，但是金句却会让人眼前一亮，他们会多看几遍，记住这句话。经常有读者说，他看过我某一篇文章，印象深刻，很喜欢。有些读者甚至会直接把文章中的一句话发给我，说就是因为看到这句话，改变了他对一些事情的看法，让他变得越来越好。很多时候，这句能够让他有所改变的话，就是文章中的金句。只要稍加观察，你就会发现，那些刷屏的爆款文，大多数都有便于传播和记忆的金句。因此说，一篇文章如果有几个金句，编辑就会比较喜欢，读者也会比较喜欢。那么，金句又从何而来呢？

对于很多初学写作的人来说，写金句并不是一件容易的事情，能够用大白话把文章写出来已经很不错了。这种情况下，就可以直接引用别人的金句。例如：

1. 有一首歌里唱得好：等待着别人给幸福的人，往往过得都不幸福。

因此，我们不要等着别人给幸福，一定要自己去争取幸福。

2. 王小波说：这世界上有些事就是为了让你干了

以后后悔而设，所以你不管干了什么事，都不要后悔。

与其花时间后悔，还不如想一想，怎么把事情做得更好。

3. 电视剧《欧若拉公主》里，女主说：人老了会成为两种人，老人或长辈，所有人都能成为老人，但不是所有人都能成为长辈。

我很认同这句话，也希望自己老了以后，能够有资格成为年轻人尊敬的长辈。

案例里的几个段落，都是直接引用别人的金句，从这些案例里可以看出来，写文章时能引用的金句非常多，从歌词到名人名言到影视剧经典台词，只要合适，都是可以引用的。在引用别人金句的时候，有三点要注意：

要适量。我看到有些文章，短短的 2000 字，里面引用的部分就有七八处，而且有些引用篇幅很长，都能占去文章总篇幅的三分之一了。引用虽然简单好用，但也不能过量，不然整篇文章都是别人的观点，你自己的观点如何表达呢？而且，引用太多，也会显得比较杂乱，完全没有重点，失去了引用的意义。

要注明出处。曾经有作者问过我：我觉得别人的句子写得很好，我直接拿过来当成自己的行不行？当然不行，这是抄袭。别人的东西永远都是别人的，就算引用，也不能据为己有。出于对原作者的尊重和版权保护，我们在引用的时候，有必要注明出处，比如这句话是某某说的，是哪本书里说的，都要标注清楚。

不要随意篡改。有些金句虽然很好，可能跟你的文章主题并不契合，直接引用的话，感觉不太合适。这个时候，有些作者就会走捷径，直接把句子篡改一下。我曾经看到一位作者写道：王小波曾经说过，爱自己是富裕的开始。然而，王小波的原话是“爱自己是终生浪漫的开始”。显然，这名作者为了让这句话能为自己所用，就篡改了一下。虽然篡改以后更符合自己的文章了，但是这样的做法是极其不道德的。你就会很快失去读者的信任。

显然，如果并不想总是引用别人的话，你可以通过如下办法来提升自己写出金句的能力。

延伸：为广泛流传的金句赋予新意

如果平时看到一些金句，觉得特别好，除了直接引用，还可以加入自己的想法。毕竟写文章最主要的还是表达个人观点，不能一直依靠引用。在别人的金句上适当地做一些延伸，对于刚开始写金句的作者来说，也是一种比较简单的方法，而且能够锻炼思维的敏捷度。例如：

1. 董卿曾经说：美能让自己变得更好，就有意义。

2. 几乎所有的女孩都爱美，花那么多的时间精力和金钱，到底值不值得呢？如果美能够让你自己变得越来越好，那就值得，否则，就是乱花钱。

句子 2 就是在句子 1 的基础上做了延伸。句子 1 只是说，美能够让自己变好就有意义，只有一层意思。句子 2 则同时说了两种情况，一种是能让自己变好就值得，另外一种是不能让自己变好就是乱花钱。同时还在前面做了一些补充，说出了美要付出的代价，这样一来，整句话就更全面更有冲击力。在做金句延伸的时候，要抓住以下几点。

范围可以扩大。除了名人金句，书中的金句，广告里的金句，身边人随口说出的句子，只要觉得足够好，都可以延伸一下变成新的金句。尽量扩大范围，才能够找到更多更好的金句，不要局限在一个领域。

抓住中心意思。想要延伸别人的金句，最重要的就是抓住别人金句中的中心意思，根据这个中心意思去延伸就好了。没有必要把别人的枝枝蔓蔓也加进去。比如一句很长的金句，说了很多意思，但你只认同其中的一种，就可以把这一种意思单独拎出来去延伸。另外，在延伸的时候，可以尽量用自己的语言，这样写出来的金句就会有更多个人特色。

让意思更全面。可能很多人觉得不知道如何下手去延伸，最简单的方法，就是让意思更全面，前后补充完整。哪怕是一句很简单的话，利用延伸法，把前后意思补充完整，就能够写出很好的金句。

释义：以现代的方式挖掘古语

历史文化里有非常多的宝藏，古人也讲了非常多的道理，金句简直数不清。但是对于读者来说，直接看古文有些吃力，很多意思一知半解。如果你引用古文当金句并不恰当，就会给读者造成阅读障碍。而且古文不太符合现代人的阅读习惯，因此，如果看到让你心动的古文，可以用释义的方法写出金句。例如：

1. 曲则全，枉则直。

2. 适当的委屈和妥协能保你周全，这世上，没有一个人能不受一丁点委屈。

句子 1 是老子在《道德经》里写的一句话，这样的句子虽然经典，但是大多数读者都很难完全明白句子的意思，他们也不可能为这一句话琢磨半天，或者去翻找资料。连意思都很难一眼看明白，就别提记住了。句子 2 则是对句子 1 的一种翻译，用的是读者都能够瞬间理解的语言，同时又蕴含哲理。这样的句子，读者肯定更乐于接受。对于一些不太好理解的句子，就可以采用释义的方法。在用这个方法时，要注意以下几点。

观点要明确。有些古文其实有非常多的解释，一句话里面就蕴含了很多意思，这正是古文的精妙之处。不过，在释义的时候，不用把所有的意思都表达出来，可以抓住其中一个。

只要所表达的观点明确，读者就更容易记住，也更愿意传播。

语言要简洁易懂。有些人写金句的时候，喜欢用一些文绉绉的语言，不是说这种语言不好，而是不适合新媒体文章。新媒体文章一般都在手机上展示，读者翻页也很快，文绉绉的语言不利于读者理解，很容易耗光读者的耐心。简洁易懂的语言读者接受起来会比较愉快，看一眼就懂你的意思，就更愿意看下去，并且愿意传播或引用。

意思可以更改。如果一句古文给了你灵感，但你觉得这句话本身的意思你又不是特别喜欢，你有不一样的想法，那么，把不一样的想法写出来也是完全没有问题的。根据别人的金句写自己的金句，本来就是一种借鉴，如果它们给了你启发，完全可以丢掉这些句子，创造你自己的金句。一定不要被原来的句子给局限住了。

凝结：不断打磨自己的观点

前面讲的几个方法，都是根据金句再创作。但是更多的时候，作者都是一口气把文章写完，根本没有时间去寻找金句，然后再创作。这个时候，最好的方法，当然是自己原创金句。很多人最困惑的问题正是原创金句，不知道该怎么原创。有一个比较好操作的方法叫总结法。文章写到一个地方时，根据前面所写的意思，总结出一个观点鲜明的金句来。例如：

林晗嫁给陈思时，连她自己都认为是高攀的。

> 那时候他们两个都穷得叮当响，在经济上，可以说半斤八两。
>
> 林晗只有小学文凭，找不到什么好工作，而陈思是大学生，有稳定的工作，所以身边人都跟她说：你看，人家样样比你强，你是高攀了，还有什么不愿意的？
>
> 连她妈也哭着让她赶紧结婚。
>
> 越是经济条件不好，自己挣钱能力也差的姑娘，越是容易被七大姑八大姨包括亲爹亲妈逼婚。不为别的，只因为他们担心你不赶紧趁年轻找个男人依靠，以后衣食会没有着落。

这个案例前面都在讲具体的事情，到最后一段发表了一下自己的看法，而这个看法，就是一段很好的金句。这个金句就是根据前面的故事，同时再结合现实生活里这样的状况，然后总结出来的。读者看完以后觉得很扎心，再看看自己身边，好像真的是这种情况，就会比较认同，并且愿意传播。

这篇文章在我的公众号上也算一篇爆款文，阅读量46572，评论200，而且很多读者的评论都围绕着这个金句，纷纷表示太真实了，要好好赚钱，争取让自己有更多的选择权。在用总结法写原创金句的时候，我们也要注意几个问题。

平时多练习。平时可以找一些文章来看，然后用一两句话总结出中心意思，这样能锻炼自己的总结能力。另外，也可以多看别人的金句，看别人是怎么总结的，多看，多写，慢慢地就能找到感觉。不要说自己不会写金句，只要你愿意经常去练习，写出漂亮的金句就只是迟早的事情。

总结要精准。你总结的金句，要保证意思是精准的。比如说，你发现身边的女孩子不够勇敢，你不能写“所有女孩最缺的就是勇敢”。因为你看到的只能代表一部分，不能代表全部，你写“所有女孩”肯定就有失偏颇，自然很难得到认同。你可以写“很多女孩最缺的就是勇敢”，这样就比较精准，也容易得到认同。所以在总结的时候不要想当然，首先要保证总结的意思没有问题，其次要检查一下是不是太过偏颇。

美感：避免文章成为流水账的方法

很多人写完文章后会发现，自己写的全是流水账，没有重点，也没有亮点，别说读者，自己都看不下去。所谓流水账，就是没有重点，胡子眉毛一把抓，该写的、不该写的全写了。哪怕你文笔不错，这样写出来也毫无美感。

很多人被这个问题困扰，常常会怀疑自己文笔不好，积累不够。其实，这真不是积累的问题。哪怕你词汇量再丰富，句子写得再优美，如果写成了流水账，那也是真没有美感的。相反，有些人文笔并不太好，只是能够顺畅地表达而已。如果你能注意以下几个问题，那么写出来的文字就会比较有吸引力。

清晰化：主题集中，详略得当

有些人洋洋洒洒写了几千字，可是自己并不知道这篇文章要表达什么，读者当然一头雾水。当不知道要表达什么的时候，你的文章就很容易写成流水账。因为你自己都不知道重点是什么，极可能把想到的东西都写上去。

想要避免文章成为流水账，第一步就是确定文章的主题，然后，所有的文字都为主题服务，跟主题相关的详写，跟主题关系不大的略写，跟主题毫无关系的不写。例如，你发现身边有个人特别优秀，情商高，智商也高，出身好，长得漂亮，运气好，人品好，工作学习都特别努力，很年轻就取得了成功，并成为某个领域很牛的人。如果你把这个人身上所有的优点都写出来，就成了流水账。

为了避免这种情况，你可以先确定主题，这个人身上的哪个优点可以重点表现？拿“努力”为例，你想表达“努力就会成功”这样一个主题。随后，你写的东西就要围绕主题展开。这个人身上关于努力的事情就可以详细写，情商高这些就一笔带过。

接着，再转到具体事情上，例如，他努力做了很多事情，为了多看书，每天早起晚睡，还到公司去实习，报了很多课程，不放过任何一个跟人交流的机会，等等。这些事情都与努力有关，然而，如果全部都详写，毫无疑问，文章还是会成为流水账。正确的做法是，从中挑选几件有代表性的事件详写，其他一笔带过。这样一来，不重要的枝杈就都被砍掉了，重点就突显了出来。

简洁化：避免啰唆

我经常点评学员作业，发现大多数初学写作的人，最容易出现的问题是语言啰唆。这个问题看上去不大，却严重影响整篇文章的品质。首先，语言啰唆会让文字失去美感，会破坏文章的节奏。其次，新媒体的快速阅读环境决定了，读者对于啰唆不会有一点耐心。因此，在一般情况下，我通常都会让学员先解决这个问题。

解释性啰唆。我曾经采访过很多学员，问他们为什么写作的时候容易啰唆。大多数人的答案都是：我怕交代不清楚，读者看不明白。其实，啰唆更多是心理层面的原因，就是怕交代得不清楚，会影响读者理解文章的意思。因此，哪怕明明很简单的一件事情，很多作者也会反复交代。解释得太多，就造成了语言的啰唆。有些常识性的东西，只要交代清楚人物关系，读者是完全能够理解的，不需要解释太多；读者不懂的，才需要作者解释。

宣泄式啰唆。如果作者只顾着宣泄情绪，那么很容易就写多了。人们确实需要宣泄，这是保持身心健康的一种方式。然而，作为一名写作者，不要把这种情绪宣泄过多地展现在文章中，那样会让你的文章成为啰嗦的流水账。日常生活里，大家都特别讨厌一种人，就是怨妇式的人物。只要跟他在一起，就听他在抱怨，不停地抱怨。对于这种人，你是不是很想让他赶紧闭嘴？写文章也一样，你不停地抱怨，读者就很难看下去。

重复性啰唆。这是相对来说比较简单的一种啰唆，纯粹是因为文字功底不扎实。比如，“我们大家一群人相互抱团取暖，真的很开心、很愉快，我很喜欢这样美好又好玩的活动”。这段话里，有很多意思重复的地方，比如“大家”“一群人”是重复的，“开心”和“愉快”是重复的，“美好”和“好玩”也是重复的。这个问题相对来说也比较好解决，不要写病句，不要写意思重复的话，重复性啰唆就跟你无缘。

明确化：不要对话流

有一次点评作业的时候发现，有位作者的文章通篇都是对话，想要分清哪句话是哪个人说的已经很难了，更别提理解对话的意思。为什么有些人一写故事就变成对话流呢？因为对话是最简单的一种写法，因此不知道如何写的时候，很多人会选择直接让文章中的人物对话。对话流不讨喜的原因有以下两点。

视觉疲劳。你想一下，文章通篇都是人物的对话，是不是像长时间盯着一张图片看，很容易视觉疲劳。同样的东西看多了，读者就会失去耐心，这个阅读体验真的不太好。

重点难以突出。两个人一直“你一句，我一句”说个不停，读者很难从谈话内容里捕捉到重点。重点不突出的文章，很容易成为流水账。

> 1. 我妈说：“你这孩子怎么这么不懂事儿呀，你为什么不肯去外婆家？”
>
> 我说：“妈，我不是不肯去，我是实在没时间，明天约好了和同学一起到图书馆。”
>
> “是跟同学玩重要还是看外婆重要？”
>
> “我跟同学约好了，总不能失信吧，我后天去看外婆不是一样吗？”
>
> “我明天要去呀，如果我去了，外婆看不到你，肯定会很难过的。”
>
> “你也后天去不行吗？”
>
> “但是明天是外婆生日，我能后天去吗？”
>
> “那你到底让我怎么办？”
>
> 2. 明天是外婆生日，但我不小心忘记了，和同学约好了明天一起到图书馆，我不想失约。然而，妈妈很生气，她说：“你不去的话，外婆会伤心的。”
>
> 为这事儿，我跟妈妈大吵了一架，两个人各不相让，吵得差点母子关系破裂。

案例 1 里，母女俩的对话可以一直持续下去，写一万字都有可能，只要她们吵的时间足够长。然而，读者有没有耐心看下去呢？两个人都说了很多话，可能读者一句都记不住，没有重点，完全就是流水账。案例 2 则很轻易让读者记住了一句，而且重点突出，不会有流水账的感觉。那么，什么时候该写对话呢？

能表现人物性格的对话。如果一句对话能够充分表现一个人的性格，这种对话是可以写的。例如《大话西游》里，唐僧啰唆得要命，但恰恰这是他的性格，是他与众不同的地方。这种性格就必须通过对话表现出来，哪怕对话很长，也是很有必要写。相反，如果一句话说出来，读者根本看不出来人物的性格，那能免则免吧。

能推动剧情发展的对话。例如，两个人产生了纠纷，其中一个人得胜而归，输的那个人在身后大声喊："我一定不会放过你的！"喊出这句话后，赢了的那个人可能就会有些担心，而输了的那个人则可能真的开始实施报复计划。显然，因为这句话推动了剧情的发展，所以就需要写出来。相反，如果这个人只是喊喊口号，然后并没有进一步的行动，后面的剧情跟这句话也毫无关系，那么，这句话就可以不写。

能调动气氛的对话。例如，几个人在深夜里行走，大家本来都有一点害怕，其中有一个人忽然叫一句："啊，那是什么？"另一个人赶紧把眼睛捂住，小声说："我害怕！"在正常情况下，这两个人的对话挺无聊的，但是放在特殊的环境里，他们的对话能够调动气氛。大家本来就害怕，他们这样一说，把恐怖的氛围渲染得更强烈了。这种能够调动气氛的对话，也是可以写的。

生动化：不要过于直白

有些人写出来的文字没有什么地方不对，但就是感觉干巴巴的，没有一点美感。这就像说话，如果你跟谁都直来直去，可能很多人就不喜欢听，觉得你真不会说话。如果你懂得适当地拐一下弯，别人听着就会比较舒服，比较开心。

写文章也一样，如果直来直去，文字就会缺少美感和趣味性。为什么情话比较有趣味性？其实，很少有人会直接说"我爱你"，而是通过各种不同的说法来表达这个意思，这些说法就比"我爱你"更有意思。另外，通篇都是直白的话，不拐弯抹角，看不出重点，当然像流水账。例如：

> 1. 我要独自一人到另一个城市上大学，送我到火车站时，爸爸很难过，我也很难过。
>
> 2. 我要独自一人到另一个城市上大学，爸爸请了假要送我，其实我自己一个人完全没问题，但他执意要送。在车站旁边看到一家肯德基店，他进去买了一大包鸡翅给我。我喜欢吃鸡翅，可他以前一直不愿意给我买，说不划算。我进站时，他朝我挥挥手说："快进去吧。"我走了几步，一回头，看到他在悄悄抹眼泪，我的眼泪忽然一下子就涌了出来。

段落1一直在强调爸爸很难过，自己也很难过，但是这种强调苍白无力，因为太直白了，很难给人留下印象。段落

2 没有说一次难过，但是从父子两人的表现来看，读者都知道他们很难过。爸爸执意要送，买肯德基，以及抹眼泪，都是难过的表现，而“我的眼泪忽然一下子就涌了出来”也能看出来是因为难过。掌握两个小技巧，就能避免文字过分直白。

用具体的事情替代。例如你说一个孩子很调皮，直接写“他很调皮”，读者就没什么印象，因为大多数孩子都是调皮的。如果描述具体的事情，效果就会不一样，可以写“他看到一个婴儿坐在婴儿车里，跑过去就打了婴儿一巴掌，妈妈气得不行，他却冲妈妈做鬼脸”。虽然这句话里没说“他很调皮”，但读者通过一个具体的事情，都看得出来这孩子很调皮。这样的效果就比直接写“他很调皮”要生动。

换一种方式表达。例如人们对喜欢的人表白，就有很多种不同的表达方式，最直白的一种是：“我爱你，你爱我吗？”除此之外，我们还可以换一种方式，比如说：“我想和最爱的人一起去旅行，你愿意吗？”第二种说法跟第一种比起来，没有那么直白，但更有美感，也更有趣味性，更生动。

自然化：过渡不宜太突兀

一句话和另一句话之间，一个段落和另一个段落之间，一个故事和另一个故事之间，都需要过渡。过渡自然，整篇文章就会浑然一体，过渡不自然，则整篇文章就很分裂。一篇过渡自然的文章，读者更容易一气呵成地看完。

人的专注力是非常有限的，相同的时间内，如果只让人做一件事，就很容易投入，如果要不停在很多事之间切换，那么做每一件事情时都需要重新进入状态，重新找到感觉，效率就会很低，也容易放弃。因此，一篇过渡自然的文章，就是让读者只做一件事，而一篇分裂的文章，就是要求读者反复切换新的状态。然而，怎么才能自然地过渡呢？

用过渡性的词语。过渡性的词语还有很多，比如“但”“可是”“然而”“不过”等等，都可以很自然地过渡到下一句或者下一段。

用数字或序号。因为用了数字，层次就变得很分明，第一件事写完就可以接着写第二件事。第一个特点写完就写第二个特点。还有一种是写序号，和用数字有异曲同工之妙，即在每一个故事或方法前面，加一个序号，把每个故事隔开。这个方法还有一个升级版，是用小标题。因为有了序号和小标题，所以就不用考虑过渡的问题，序号和小标题本身就是一种过渡。

用对比。比如要同时写两个人，写完其中一个，怎么让读者愿意看另外一个呢？就可以用对比的方式。因为其中一个人物，读者已经比较熟悉了，我们再写一个完全陌生的，读者可能不愿意看，但如果这个陌生人和读者熟悉的人正好形成对比，读者就更愿意看下去。因为跟熟悉的事情挂上钩，读者更容易进入状态。

插入自己的评价。在讲述故事的时候，巧妙地插入作者对于故事主人翁和情节走向的观点，也能起到起承转合的作用。例如：

> 戚夫人这时候干了一件自毁长城的事儿，就是自编自唱了一首《戚夫人歌》。她每天一边舂米，一边大放悲歌。歌词的意思是：儿子在当王，娘却当奴仆，谁能把这个消息告诉我儿子呀！
>
> 戚夫人的单纯由此可见一斑。
>
> 这样的非常时刻，她最好的做法，难道不应该让吕雉忘记儿子的存在吗？甚至应该让所有人都忘记他们母子的存在，这样才能积攒力量。只要儿子在，她就有翻盘的机会。她倒好，生怕吕雉忘了，天天用唱歌的方法提醒人家。

在这个案例中，第二段话就是一个典型的过渡句。前面一段写一个故事的情节，后面一段则是对这个情节的评价，如果少了中间这句话过渡，后面一段就会很突兀。戚夫人这个例子，我在文章中用到的，其阅读量 38114，点赞 475，评论 160。在我的公众号上，这可以算爆款了。特别是对于“戚夫人的单纯由此可见一斑”这句，很多读者留言发表了自己的看法，有人说她确实单纯，有人说她不是单纯，完全就是智商太低。这句作为过渡句的观点，不但让前后文衔接得更自然，也成为读者的记忆重点。

修改清单：不要让读者先发现问题

修改是最后一道工序，有些不完美的地方，可以通过修改来更正。对于刚开始写作的人来说，修改是非常重要的。我曾经看到一些作者，非常讨厌修改，写完文章立即就发出去，连错别字都没有改掉，结果就因为这些错别字，导致稿子没被采纳。因此，修改是必要的，在文章写完以后，要重视审视一遍，看看哪里还有问题。

我建议文章写完以后，放两天再修改，因为当时很难看出问题，可是放几天再看，就有一种看别人文章的感觉，更容易看出问题，下手修改也会更毫不留情。修改的时候，主要检查以下几个方面：

检查一：主题是否明确

有些人以为，一篇文章好不好，取决于文笔好不好。文笔当然是一个加分项，但最重要的还是主题是否明确。不管文笔多好，如果主题是散的，文章也好看不到哪儿去。因此，修改的第一步就是检查一下主题是不是足够明确。如果整篇文章是能够用一句话表达清楚的，而且在这一句话里面可以抠出关键词，基本上可以确定主题很明确；如果一句话表达不清楚，说明主题不够明确。

检查二：事例是否恰当

如果确定主题明确，第二步要做的，就是检查文中所用的事例是否恰当，是否都围绕主题。如果主题是婚姻里的两个人要互相体谅，但是文章中却出现了一对没结婚人的故事，那这个故事就是不恰当的。如果主题是女人如何在职场里提升自己，但是文章中却有一个男人的事例，或者有一个不是职业女人的事例，这也是不恰当的。对于不恰当的事例，要毫不留情地删除，重新写一个恰当的。

检查三：详略是否合适

有些事例看上去可能是恰当的，但在写作的过程中，详略没有处理好，整篇文章看起来也是跑偏的。例如，文章主题是婚姻需要互相体谅，事例也是一对夫妻互相体谅，但是在写这个故事的时候，你花了很多的笔墨去写他们两个人如何认识的，却花很少的笔墨写他们相互体谅的事情，这就是详略不当。

检查四：句子是否合适

接着，你需要对段落和句子进行检查，比如过渡是否自然，语言是否啰唆，是否有对话流。最后一步就是“扫描”全文，看是否存在语法上的“问题”。我在点评作业的时候，发现大部分作者都容易出现硬伤。因此，一定要一句话一句话地筛查，去检查是否有以下的情况。

句子太长。新媒体文章节奏比较快，需要让读者瞬间读懂，因此不要用太长的句子，尽量用短句，如果一句话里面有非常多的“的”，就要考虑一下是不是可以拆分出几句话。例如：

1. 我妈妈的妹妹也就是我的小姨一直觉得我之所以过得不好就是因为我的智商不够高我为人处世的方法不对。

2. 我小姨觉得，我之所以过得不好，就是因为智商不高，为人处世的方法也不对。

句 1 和句 2 哪一个让人更舒服呢？句 2 很容易懂，读起来比较轻松，句 1 太长，一眼看上去就觉得好复杂，而且看完以后，可能还要琢磨一下才知道作者要表达的意思。除了句子，段落也尽可能地短一点。有些作者讲一个故事，居然只用一个段落，一眼看上去密密麻麻，读者可能就看不下去了。多分几个段落，视觉上会更轻松，阅读起来也会比较愉快。

句子拗口。有些作者在写句子的时候，为了追求美感，会扭曲表达方式，读起来很拗口。例如：

1. 背包扛、行李拎、玩具推的爸爸，完全腾不出手来抱孩子一把。

2. 扛着背包、拎着行李、推着玩具的爸爸，完全腾不出手来抱孩子一把。

句子1的意思是没有问题的，但是读起来很拗口，而句子2是同样的意思，读起来却顺口很多。在修改文章的时候，可以把句子大声读出来，如果你自己都觉得读不下去，那一定是表达方式不对，把它改成读起来比较通顺的句子，这样整体就会更和谐。

句子有病句。如果一篇文章里面有病句，可想而知，这篇文章会给别人留下什么样的印象。所以在修改的时候，一定要把病句消灭掉。例如：

1. 我觉得感到了一种强烈的愤怒。
2. 我想我要写作的话，我一定要好好写。
3. 通过和那些优秀的人的交往和学习。
4. 他基本上一定会喜欢。

句1“觉得”和“感到”意思一样，这就是语言重复。句2“我”用得太多了，可以删掉一两个。这里是主语重复。句3“的”用得太多，也可以删掉一个。句4“基本”和“一定”是互相矛盾的，就是典型的病句。当你逐句细抠的时候，其实很容易发现问题出在哪里。在写作的时候，为了保持专注，可以不用太在意句子是否正确，但修改的时候一定要注意。

句子有晦涩难懂的词语。有一次我点评一位学员的文章，发现她的文章里有很多比较晦涩的词语，比如“然则”“是以”，还有一些很生僻容易认错的字。我觉得很好奇，就问她是不是很喜欢古文，习惯了这种表达方式，她说，她并不喜欢古文，只是觉得用这样的词，显得有深度，别人会觉得她文笔好。其实，很多作者都存在这样的想法，总觉得一句话或一个词语别人不认识，文章就显得很有深度。然而，事实上恰恰相反，太晦涩难懂的词语会让人有阅读障碍，反而是不利于阅读和记忆的。因此，要检查一下，自己的文章中有没有晦涩难懂的词语，如果有，把它们换成读者更容易理解的，更简洁易懂的。

第六章

变现：通过新媒体写作获得收入流

有些人可能认为，写作是一件很纯洁的事情，为什么要强调变现呢？

曾经有位学员就面临这样的困惑，看到其他同学每天发上稿消息，定一个月的稿费标准，她就很不能适应，跑过来问我：大家都想赚钱，可是我不想，我是不是很另类？我是不是需要改变自己的想法，也跟大家一样去赚钱？

我们都很容易受身边人影响，从而怀疑自己的坚持是不是对。我问她：你为什么要写作？她说：我就觉得写作能够梳理自己的心情，从而使自己能看开更多事情，也会更善于思考。她并没有想过靠写作赚钱。我告诉她：按照自己的想法去写就好，不用受别人影响。

确实，很多人写作想要变现，但同时也有很多人，写作真的不是为了变现，每个人都有不同的目的，比如想要记录孩子的成长，想提高职场竞争力，想舒缓心中的郁闷……这些都没有问题，写作本来就有很多的好处，不仅仅是变现。你有什么样的目的，就朝着这个目的努力就行。比如你的目的是靠写作变现，那就要找变现能力强的文章写；如果你的目的是记录孩子成长，那就不用管其他的，只写孩子的成长就好了；如果你的目的是想把自己塑造成某个领域的专家，那就不必考虑变现问题。

不过，我自己一直提倡，写文章一定要变现。为什么？因为只有能变现，写作的热情才会更高，动力才会更足，并且才有可能职业化，把它做得越来越好。前面几章，讲了新媒体文章的写作方法，然而，所有的写作方法最终都指向一个目标：读者喜欢看。

读者喜欢看就意味着容易成爆款，就能带来流量。在互联网时代，流量就是钱。作为写作者，怎么把流量集中起来，产生更大收益呢？

精准定位：高效变现的根本保证

想要用新媒体文章高效变现，首先要给自己一个定位。定位准确，流量更集中，作者也会比较轻松，可以少做很多无用功。

前面我说过，写作之初，不要想定位的事情，现在又说要定位，是不是觉得有些矛盾呢？其实不矛盾，在写作之初，你必须行动起来，通过练习，不断地提高写作水平。想得太多，反而容易裹足不前。然而，到一定的阶段后，如果你想要靠写作变现，那就必须考虑定位问题。想要找准自己的定位，可以从以下几个方面去考虑。

职业：将专业优势转为新媒体优势

在秋叶老师的知识IP营里，有一位叫“雨滴”的作者，她的本职工作是儿科医生。因此在如何给孩子打疫苗，如何让孩子更健康这方面的知识，她比一般人懂得更多，而且更专业。当她从事新媒体写作的时候，就运用了自己的职业优势，在很多平台上的名字都是“儿科医生雨滴”。她把职业优势变成了自己的一个标签，并使得自己所写的文章都与这个标签相符。

因为定位明确，她的文章很精准地吸引到了特定读者，并且有很多人找她合作。因为写作，她的职业有了更多的突破，开始向更多的领域拓展。对于她来说，这是她很熟悉的领域，写起来会比较容易，而对于读者来说，她写得比较专业，又扎根于这一个领域，因此大家就容易记住她，相关的资源也很容易找到她。从事新媒体写作时，你也可以梳理一下自己的职业优势，比如你是心理专家，或者教育从业者，就可以考虑从职业角度切入，找准你擅长的赛道。这样，不但更容易上手，写作和职业也会互相赋能，互相促进。

结果倒推：通过不断尝试确定自己的方向

我最开始写作时，什么文体都尝试过，写过纪实故事，写过小说，写过诗歌，也写过阐述自身观点的评论。后来我发现，在所写的这些文章中，评论发表得最多，基本上只要写，就能够发表，而其他几种文体，基本上都不能发表。我还发现，自己更喜欢写评论，其他文章写起来也比较痛苦，很难找到感觉。于是我就决定以写评论为主。

这就是结果倒推。既然我写这种文章能得到更好的结果，而且自己更快乐，就说明我适合这种类型。当然，有时候结果还会受其他因素影响，比如某一段时期读者更喜欢某一种文章，或者你所处的环境大量需要某一种文章。这说明，你并不是真正擅长写这种类型，而是受外界因素影响。这个时候，顺势而为也是一个比较好的方法，顺着大势，无论是树立个人品牌还是变现，都会更容易一些。

至于其他类型的文章，当然也可以写。只不过，你要先以一种类型为主，用这一种类型变现。这样，你自己才更有动力和信心，也更容易建立起个人品牌，让别人记住你的优势。另外，主攻的写作类型也并非一成不变。如果某一天大环境发生了变化，或者你想换一种风格，这都是可以重新规划的。

我最初写纸质媒体，写评论，后来又写古代女子系列，写新媒体文章，都是因为大环境变化，我适时做了调整。

市场导向：选择那些变现能力强的方向

有位作者在我专门开设的写作公众号“汤小小轻松高效

写作”的后台留言，问能不能教诗歌写作。后来，她又主动加我微信，说把我们的写作班的介绍都看了，感到很失望，我们居然不教诗歌写作。

我问她，为什么要写诗歌。她说，自己也不是很清楚，就是比较喜欢吧。我又问她，是写着玩还是想变现。她说，辛辛苦苦写了，肯定想赚钱啊。我跟她说，如果你想写作变现，就要找那些变现能力比较强的文章写。不是说诗歌不好，而是目前的环境下，它变现比其他文章要难。

每一种类型的文章变现能力是不一样的，有些门槛低，有些门槛高；有些稿费高，附加价值高；有的稿费低，几乎没有附加价值。了解这些再去做选择，而不是完全凭兴趣选择。

想要靠写作变现，有一个很重要的衡量标准，就是你所写的文章变现能力是不是足够强。如果你根本不知道它如何变现，身边也很少有人靠这种文章变现，那就应该考虑一下换个方向。只有变现能力强，才能够事半功倍，更高效地变现。

变现的模式：牢牢把握新媒体写作的内在逻辑

新媒体文章的变现方式非常多，其中有两大主流变现方式，一种是投稿赚稿费，一种是做自媒体赚流量和广告收入。不管哪一种，都建立在两点之上，一是文章能产生流量，即有高阅读量，二是文章能给读者好的体验，即读者喜欢。这两点是 0 前面的 1，没有这两点，变现就是 0。

稿费：基于体验的变现模式

1. 作者“苏沫”是点评提高群的学员，在 2018 年 7 月份，她一个月发表 11 篇文章，获得稿费近万元。这 11 篇文章，都发在稿费比较高的平台上，所以收获非常可观。除了“苏沫”，还有一些作者的发表数量同样也很喜人，有人发表 7 篇，有人发表 8 篇，稿费也从一两千到七八千不等。这样的事情在我们的写作班其实很常见，只要文章过关，又能找到合适的平台，靠稿费变现是完全没有问题的。

附一张 2018 年 7 月份点评提高班的部分学员上稿数量和稿费金额。因为每个平台稿费标准不同，所以相同的上稿数量，稿费金额会有所不同。

表6-1 学员收入和发稿量

姓名	上稿数量	稿费（元）
苏沫	11	8460
陈小九	8	5900
陈和	7	3300
播客晓夜	5	2750
铛铛娃	6	2500

续表

姓名	上稿数量	稿费（元）
关子陌	9	2350
史春芝	2	2000
汪小檀	3	1757
时光煮雨	9	1650
懒茶	9	1650

2. “心海一隅”是基础班学员，她有工作，同时要带孩子，只能业余时间写作。因为天天跟孩子打交道，在育儿上非常有经验，所以她给自己的定位是写亲子育儿类文章。孩子的一言一行，都可以给她灵感，她还经常看一些育儿书籍，学到的知识既可以用在教育孩子上，也可以用在写作上，一举两得。

工作很忙，带孩子也需要花很多心思，但她还是给自己制订了严苛的写作计划，规定自己每周必须写5篇，工作日写作，周末带孩子玩。因为定位精准，自己又勤奋，不到半年时间，她的文章就到处发表，3个月时间发表了38篇，很多文章上了大号，稿费千元左右。今年，她给自己制定的目标是一年发表100篇，按平均每篇500元算，一年也有50000元，这只是业余收入。

现在，她做了我们的点评提高班的老师，帮助其他学员写作上稿，最多的时候，她指导50名学员上了100多篇稿件。这份工作，也让她每个月有一笔不低的稿费收入。因为写得优秀，赚到了不菲的稿费，同时因为写得优秀，开拓了更多的变现渠道。写作这件事情是有复利的，写得越多越好，变现能力就会越强。

3. 学员“云晓墨”写过一段时间，一直没有成绩，索性就放弃了，但还是觉得不甘心，又重新报班学习。坚持一段时间后，她的文章终于开始慢慢地在各个地方发表，其文章主要与情感有关，这种类型她写起来比较顺手。

5 个月后，她接到了人生的第一个约稿，一位情感主播需要大量稿件，但是自己太忙没时间写，找其他人又写得不好，看到“云晓墨”的文章各平台都有，而且写得很好，于是主动联系她，向她约稿。

这个约稿有固定选题，不但要跟情感相关，还要用到大量心理学知识，虽然“云晓墨”写情感文章很得心应手，但其实并不懂心理学。为了抓住这个机会，她不但把约稿接了下来，还开始大量看书。第一篇约稿很快完成，对方很满意，接着第二篇、第三篇约稿都来了，后面约稿多到“云晓墨”根本写不完，还把其他作者也介绍给了对方。她不但每个月有了固定约稿收入，而且还结交了不少朋友。

赚取稿费是相对比较好操作的变现方式，特别适合新人作者。只要你的文章能够赢得读者的喜欢，有较高阅读量，并符合平台要求，发表后很快就能领到稿费。经常有学员在 21 天的学习期间就赚得稿费了，跟其他事情比起来，这个变现方式真的很快。其实，赚取稿费这种方式还有很多好处。

首先，通过赚取稿费的方式能够给你激励，让你有动力、有信心写下去。哪怕钱不多，但这种激励是非常重要的。很多作者默默无闻地写了一段时间后，看不到任何好处，就觉得自己不适合写作，没有天赋，或者觉得写作根本赚不到钱，慢慢放弃了。因此，能够快速赚到稿费，哪怕是很少的一笔钱，也能够让你有信心，更坚定地写下去。我一直提倡写作要变现，就是因为只有变现了，才会更重视它，更能忍受写作过程中的寂寞和痛苦。

其次，赚取稿费的方式还能够让作者得到大量的曝光。新人作者有一个最大的劣势，就是别人都不认识你，即使有合适的资源，也没人能找到你。通过给其他平台投稿，你的曝光度会不断增加，别人看到你写得还不错，有相关资源的时候可能就会想到你。另外，这也是一个积累知名度的过程，随着知名度越来越高，喜欢你的读者会越来越多，认识的作者和编辑也会越来越多，慢慢打入这个圈子，资源当然也会越来越多。比如“心海一隅”就是因为发表文章多，慢慢引起了我的重视，请她做了点评班老师。“苏沫”也是因为发表了很多文章，因此有编辑主动找她签约，并提出要给她提高稿费。如果没有足够的曝光，想实现这些就会很难。

再次，通过赚取稿费这种方式还能往自己的平台上引流。我刚开始做自己的公众号时，没有资源，也不懂怎么涨粉，做了半年，除了之前的铁杆读者，几乎没有粉丝。为了变现，我就向一些大号投稿，那几个月，每个月都能拿到一两万元的稿费，同时因为大量的曝光，因此使得很多人喜欢上了我的文章，继而关注我的公众号。每次文章发表，公众号都会涨成百上千的粉丝，就这样完成了最初的积累。既能赚稿费，又能引流，一举两得。如果你是一位新人作者，自己既没有资源又没有读者，最省力的方法就是投稿。

最后，通过赚取稿费这种方式还容易获得约稿机会。如果你能持续上稿，并且数量多、质量好，你的写作能力就得到了证明，编辑更愿意找你写一些紧急且重要的稿子，或者是开专栏写一系列的文章。这样你就会比别人得到更多的上稿机会，稿费待遇也会更高。如果你一篇文章都没有发过，即使想得到约稿机会，也没人敢给你。文章发表得多了，有了一定知名度，还可以找出版社签约出书，我们写作班就有很多学员已经出书了，他们自己刚开始学写作的时候，完全没有想到有一天能出书，觉得文章能发表就很好了，但发得多了，出书就变得触手可及。

想要靠投稿赚取稿费，可以从以下几个方面入手。

研究各个平台的风格。每个平台都有不同的风格，比如有些平台喜欢发表阐述观点的文章，有些平台只发故事，有些平台喜欢观点犀利的，有些平台喜欢温暖一点的。经常有作者说：我的一篇文章投了好几家平台，编辑都说不合适，我写得真的很差吗？这就是没有研究平台风格的结果。如果你不了解平台风格，就会乱投一气，明明某个平台要阐述观点的文章，你却把故事发过去，结果可想而知，肯定会被拒稿。另外，如果你每次都发不符合要求的文章，也会给编辑留下不好的印象，下次可能就不愿意看你的文章了，因为知道很大概率上并不合适。在投稿之前，一定要花时间研究一下你要投稿的平台，至少把平台上最近一个月的文章都看一遍，弄清楚它有什么栏目设置，阅读量比较高的文章是哪些，都写过什么样的选题。调查完以后，从中找到自己能够写的栏目，排除掉那些已经发表过的选题，这样你写出来的文章，很大概率上就能过稿。磨刀不误砍柴工，一定要花时间去研究。刚开始可以只研究一家，等把这家弄熟悉了，能上稿了以后，再研究其他家，这样一家家研究，到最后，你就会对很多平台了如指掌，投出去的文章就算不能百发百中，上稿率也会大大增加，同时会给编辑留下很好的印象，可能看到你的名字，就会先打开阅读。

格式要正确，别有低级错误。有些作者文章写完就发到编辑邮箱，连错别字都不改，其他低级错误更是一大堆。如果编辑手里有不少好稿子，哪怕你的稿子本身挺好的，可能编辑也不用了，因为修改这些错误需要时间。而且，你连这么低级的错误都犯，文章中重要的观点或者理论会不会也是错的？编辑肯定会有这样的担忧。

记得有一次，我收到一篇稿子，觉得选题不错，就是里面有一些小错，但因为缺稿子，所以就回复作者“采用”。我不能把一篇有错误的文章推送出去，所以要自己修改。在修改的过程中，我几次想要放弃这篇文章，低级错误真的太多了，标点符号乱用，句子不通顺，有错别字，几乎每一句我都要改。改到后来，我默默地跟自己说：以后这位作者的稿子我再也不用了，还不如我自己写一篇呢。

投稿其实就是用文章跟编辑打交道，一定要让编辑觉得你的文章靠谱，省事，这样他才更愿意录用。我最初投稿的时候，不但文章写好后会反复修改，消灭每一个错别字，在发送邮件时也很用心，会加上附件，还会粘贴一份在邮件里，就是因为想到每个编辑的阅读习惯不同，有人喜欢看附件，有人喜欢直接在邮件里看。我无法确定审我稿子的编辑喜欢哪一种，那就把两种都用上，总有一种是他喜欢的。

投稿的基本格式是：标题加粗居中，比文章字体略大，标题下面写上笔名，文章末尾写上作者联系方式和收款方式。这样，如果文章录用，或者需要修改，编辑能第一时间联系到你，也不用问你文章署什么名字。

沟通越方便，文章被录用的概率越大。另外，如果编辑能联系到你，说不定临时有选题的时候也会找到你。这些小细节虽然不起眼，但都能够帮你提高中稿率，让别人觉得你靠谱，因此一定要重视起来。

有问题及时咨询修改。有一位作者给我的公众号投了一篇文章，整体质量不错，但是其中有一些小细节不太合适，我告诉她，这些细节可以做一些修改，并明确说了修改方向。说完了以后，我就等着她重新发稿子过来，结果等了一周，文章还是没有发过来。我忍不住主动问她，是不是稿子忘记修改了。结果她跟我说：我觉得没有办法修改，算了，我不发了。

我当然尊重她的选择，但是也暗自决定，以后她的文章如果不是特别好，还需要修改的话，就直接放弃了，而且有好的选题也不会交给她。不是我记仇，而是她的态度让我不敢信任。如果不知道怎么改，可以主动和编辑沟通，退一万步讲，就算沟通好了还是觉得不能改，也可以提前跟编辑说一声，免得人家一直惦记着你的文章。平时跟人交往，别人说了一件事，你不能做也得回应一下呀，这是基本的礼貌，也是一种负责任的态度。

其实，很多文章都是需要修改的，可能站在作者的角度，这篇文章一点问题都没有，但站在编辑的角度，就觉得有些地方不合适。不是说作者就一定写得不好，编辑就一定是对的，而是因为二者站在不同的角度，看文章的方式也会不同。如果想在平台上发文章，编辑的修改意见又比较合理，当然要以编辑的意见为主。如果实在无法修改，还可以和编辑沟通，了解得更详细一些。

如果你能把一篇文章修改好，不但能上稿，拿稿费，也会给编辑留下很靠谱的印象，以后有重要的选题，也有信心交给你。因此，遇到问题一定要通过积极沟通来解决，能修改的就修改。对于作者来说，这也是一个很好的成长机会，修改几次以后，你就更明白这个平台的用稿风格，成长得会非常快，可能后面再给这家平台投稿，基本上不用修改就能发表了。

不要过分关注一篇文。“汤小小轻松高效写作”这个公众号上，有时候缺稿子，或者有特殊要求，作者投过来的稿子很快就能发出来。然而，有时候稿子积压得比较多，或者这段时间我想以某个方向为主，那么有些作者的稿子就会放一段时间。我们放得最久的一篇文章长达一个月，其实我自己心里也很着急，觉得这样挺对不起作者的，但是稿子实在太多了，只能按顺序来。因此，经常有作者来问我，他的文章是不是漏掉了，我都会耐心地回复，告诉他一定会发，就是时间还不确定。

大多数作者只问一次，得到明确答复就不再问了，除非过了很长时间还是没有发。然而，有一些作者隔几天就问一次，哪怕我已经很明确地告诉他，文章我没有忘，过一段时间就能发，他还是隔几天问一次。下次他再发来文章时，如果正好我手里的文章比较多，可能就会直接拒掉，因为我担心文章放得太久，又天天被催。

有位编辑跟我说，有一次她碰到一位作者，自从告诉他，其文章被采用以后，他每天都催一次，一连催了 7 天以后，就开始在微信上对这位编辑破口大骂，说她是骗子，骗了稿子却不发。当时编辑没在线，等看到准备回复的时候，发现对方已经把她拉黑了。她真是欲哭无泪，从此把这位作者加入黑名单。

不是说作者不能催，如果文章过审了，但一直没有发出来，作者当然要问一下，而且编辑也有义务解答。然而，如果别人已经告诉你文章怎么安排了，你还跟在后面不停地催，就会给别人造成太大压力。当然，如果你的文章是热点文，有时效性，就一定要得到编辑的明确答复，如果暂时不能用，可以把文章撤回来另投。

作为靠投稿变现的写作者，一定不要过分关注一篇文章，那会浪费太多的时间和精力，还不如多写几篇新的，多投几个地方。只有写得多，投得多，才有可能发表得多，赚更多的稿费。一定要保持一个好的心态，哪怕一篇文章最后不能发表，就当练笔了。要知道，你写的每一篇文章，都会让你的写作水平有所提升，都不会是无用功。

先专攻一个方向。刚开始投稿时，可以集中写一个方向的文章，比如“心海一隅”刚开始就只写育儿文，这样对作者来说相对容易，所有的注意力都在一个地方，更专注，也更容易出成绩。同类型文章大量发表，很容易让别人记住你，知道你擅长写什么，类似的约稿就会找到你，出版等各种资源也会向你倾斜。这也是“冠军思维”，先成为某个领域的冠军，才会得到别人得不到的优待。然后再慢慢拓展，让自己写作的路越来越宽。

媒体：基于流量的变现模式

1. “墨花”是我们写作班的学员，同时也是某知名公众号的编辑，因为职业的关系，她比较喜欢研究各个平台，后来就自己利用业余时间注册了账号，把文章发在上面。她先后注册了今日头条、百家号、企鹅号、大鱼号等平台，主攻情感领域。

运营了一段时间后，今日头条上有 3 万多粉丝，百家号也有 2 万多粉丝，阅读量均达到上千万。因为成绩突出，被百家号邀请签约，每个月有固定补贴 3000 元，在今日头条上也得到了“礼遇计划”，奖金 10000 元。她还写出了多篇爆文，一篇爆文的收入便有一两千。她每个月更新 20 篇左右，收入过万。这仅仅只是她业余时间运营自媒体的收入。

下面这张表，是“墨花”在百家号上的提现截图，平均每月税后收入 2914 元，加上补贴，仅这一个平台每月就有近 6000 元。

表6-2　　“墨花”的自媒体收入

日期	当前收入（元）	税前支付金额（元）	代扣税（元）	税后支付金额（元）	付款金额（元）	状态
2018/06	3111.19	3111.19	0	2648.95	0	已支付
2018/05	2825.00	2825.00	0	2420.00	0	已支付
2018/04	3503.12	3503.12	0	2962.50	0	已支付
2018/03	2696.83	2696.83	0	2317.46	0	已支付
2018/02	508.70	508.70	0	508.70	0	已支付

续表

日期	当前收入（元）	税前支付金额（元）	代扣税（元）	税后支付金额（元）	付款金额（元）	状态
2018/01	5951.32	5951.32	0	4999.11	0	已支付
2017/12	3155.97	3155.97	0	2684.78	0	已支付
2017/11	5686.46	5686.46	0	4776.63	0	已支付

2. 学员“瓶子”自己开公司创业，同时也是一位妈妈。有了孩子以后，她看了很多关于育儿的书，想把这些经验分享给更多的人，于是开了一个育儿类公众号，写育儿过程中的感悟、方法以及趣事。开了一段时间以后，发现自己写得很痛苦，而且阅读量也不高，从来没有出过爆款。于是，她开始怀疑自己是不是定位错误，在这种自我否定中，公众号很久都不再更新。

有一天她看到“有故事的汤碗”这个公众号上发了一些故事，她觉得很好玩，很有趣，于是就想，能不能也写故事类稿件，把育儿号变成故事号呢？当时我们团队的“三月鱼”老师知道了她的这种情况，于是跟她分享了故事类公众号的技巧。经过这样的指导，她做故事号的决心就更加坚定了。

第一个故事号就是把育儿号改了个名字，短短几个月，涨了 10 万左右的粉丝。她发现自己找到了方向，于是陆续又开了几个号，做成了一个公众号矩阵。现在，她的几个公众号粉丝都过了 10 万，每个月能接不少广告，也会做一些产品分销，收入早已过了 5 万。最近，她在考虑要不要把公司关了，全职做自媒体。这样就可以不出差，边照顾孩子，边经营自己的事业了。

3. “卷毛佟”喜欢摄影，多次得过摄影奖，后来他学习写作，想通过写作传播摄影，建立和读者之间的信任感。刚开始他注册了公众号，每篇文章都发在公众号上，阅读量不错，打赏也特别多，吸引了一群铁粉。

抖音火起来的时候，他也在上面注册了一个账号，用视频的形式教观众摄影。刚开始，浏览量并不乐观，他甚至一度想过放弃。后来，出了一个爆款视频，一下子涨了几十万粉，这让他大受鼓舞，更加勤奋地每天写脚本、拍摄，文字发在公众号上，视频发在抖音上。半年时间，他的抖音号已经有了 400 万粉丝，也牢牢贴上了“摄影达人”的标签。

现在，他已经出了一本关于手机摄影的书《拿起手机，人人都是摄影师》，还开了一个手机摄影的训练营，专门教别人怎么用手机拍出好看的照片。这些，都是通过自媒体延伸出来的，而他一直定位很清晰，朝着一个目标不断前进，所以找到了很多不同的变现方式。

对于打算长期从事写作的人来说，在时间精力允许的情况下，可以尽量尝试做自媒体。自媒体能给你带来不少的好处。

第一个好处是，能够督促你按时写作。一旦开始做自媒体，有了一定的读者，就等于有了无数双眼睛在盯着你，如果不按时更新，读者会取关，会留言催更。因此，一般做了自媒体，并且想要做好的作者，会比一般作者更勤奋。很多人可能平时一周才写一篇文章，但是有了自媒体后，能够做到日更，并且坚持多年。一件事情天天做，并且坚持多年，想不出成绩都难。写作是一件不太容易坚持的事情，没有外界的压力，很容易对自己放松要求，做自媒体恰恰就会有来自外界的压力，会让自己更勤奋，也用更高标准要求自己。

第二个好处是，能够近距离和读者互动。文章发出来，读者喜欢还是不喜欢，读者是怎么想的，都可以通过后台数据和留言看出来。另外，你还可以在留言区和读者互动。这个过程，能够让你知道自己的文章有什么问题，读者喜欢什么样的选题，下次再写作的时候，就不会盲目写，能精准地找到读者喜欢的角度。和读者互动的过程，其实能够拉近彼此之间的距离，便于树立个人品牌。“卷毛佟”就是因为建立了个人品牌，读者信任他，因此才开了手机摄影训练营。

第三个好处是，比较自由。你不用考虑编辑喜欢什么样的文章，不用考虑要控制在多少字，你想写什么就写什么，想写多长就写多长，只要读者喜欢一切都不是问题。当然，这也只是相对而言，因为这世上没有绝对的自由，你还是要考虑读者的接受度。如果想做好，还需要极度自律，如果一周更新一篇，自由是自由了，但肯定不出成绩，变现也会遥遥无期。

第四个好处是，方便别人联系到你。有一次我想找一位作者约稿，搜遍了各个平台都找不到他的联系方式，只能放弃。如果你有自媒体那就不一样了，别人只要愿意搜，就很容易找到你，能够快速跟你建立链接。包括读者想跟你近距离接触，通过自媒体也能够立即联系到你，很多自媒体作者因此开设一对一咨询，帮读者解答各种问题，不但和读者关系更近了，而且这还成了一种不错的变现方式。互联网时代，别人能够快速找到你，你就跑赢了大多数人。

第五个好处是，为其他事情助力。如果你某个平台的自媒体做得不错，想在其他平台上注册新账号，更容易得到官方扶持，因为你能把一个自媒体做好，就证明了你有创作能力，并且能在这个领域深耕，属于优质作者，平台都会欢迎，也更愿意扶持，这样，你做其他自媒体也会相对容易一些。如果你想出书，或者有其他合作，自媒体都可以为你助力，让别人更相信你的能力，更愿意跟你合作。

想要靠做自媒体变现，首先要了解，自媒体都有哪些变现方式。

读者赞赏。这是自媒体最常见的变现方式，现在很多平台都扶持原创，如果你的文章是原创，又写的是读者喜欢的选题，能够让读者产生共鸣，读者就会主动赞赏。虽然说赞赏的钱不是特别多，一般也就 5 元、10 元，但毕竟对作者来说是一种激励，被肯定的感觉还是很好的，而且，积少成多，这也会是一笔可观的收入。赞赏是读者自发的行为，作者可以维护好赞赏区，比如对赞赏的读者表示感谢，或者经常做一些活动鼓励读者赞赏，这样都有利于提高赞赏率。当然，最重要的，还是文章质量好。

流量收入。公众号粉丝达到一定的基础，可以申请开通流量主，开通以后，文章底部会出现推荐的广告，读者点击一次，作者就会有一定的收入。今日头条等其他平台也会根据文章的阅读量，给作者一定的流量收入。流量收入几乎不用作者额外做什么事情，只要发了文章，并且发文章时允许投放广告，就会有一定收入。想要提高这笔收入，就需要提高文章的阅读量。阅读量高了，流量收入自然水涨船高。你可以针对不同的平台，取不同的标题，写不同的选题，让文章调性符合平台，这样有利于提高文章的阅读量。

广告收入。如果你的自媒体有了一定的读者，阅读量也比较稳定，会有广告主找你做推广，你自己也可以利用一些第三方平台，或者通过熟人和广告主联系，这样都能够接到一定数量的广告。广告的收益相对来说还是很可观的，推一次就能拿一笔钱。你需要注意的是，保证产品是合格的，不然读者买一次就不愿意再买第二次，转化率下降，就很难接到广告。另外就是尽量保持广告和自己平台的调性，比如你做的是育儿号，接母婴类产品就比较合适，这样既能保证购买率，也能让读者乐于接受。

电商收入。现在有很多第三方的卖货平台或者小程序，会给作者一定的分销比例。你觉得哪个产品好，符合自己的定位，就可以直接分销。一般来说，你只需要推广，商家会负责发货等其他事宜，还是比较好做的。比如公众号、今日头条都开通了分销功能，直接把产品图片插入文章中即可，有读者下单，你就有收入。还有一些比较高级的玩法，比如自己做产品去销售，自己建仓库发货，有赞、微店、今日头条的小店都会提供平台，可以把产品放上去销售，这个就要根据各自的情况去做了。想要提高电商收入，除了增加粉丝量，还要保证产品合格，让读者信赖你，这样他们才愿意买你推荐的东西，你的收入也才会更高。

其他奖励。很多平台为了鼓励原创，增加活跃度，都会定期有一些奖励和活动。比如今日头条的礼遇计划、青云计划等，就是对质量比较好的自媒体给予一定数额的金钱奖励，其他平台也都有相关的奖励。这些奖励虽然不能保证每期都拿到，但只要你的自媒体质量好，拿到的概率还是很高的。另外，各个平台还会经常有一些活动，都会有一定的奖励，多参加这些活动，多拿奖，既能增加曝光量，也能有一笔额外的收入。

每个平台的玩法都不一样，今日头条还有“悟空问答”，百家号也有问答，这些都有收益。自媒体变现方式还是很多的，只要做得好，变现根本不是问题。优质的新媒体作者，已经成为各个平台争抢的香饽饽。

知道了变现方式，接下来需要了解一下，想要做好自媒体，需要注意什么。毕竟，做好了才更容易变现。

首先，你要研究各个平台。每个平台都有自己独特的风格，比如写明星影视的文章，在微博上比较受欢迎，干货类的文章在简书上比较受欢迎，书评大家都会习惯性看豆瓣。今日头条和公众号的标题模式就不一样，内容上也有很大差异。这就是每个平台的调性。

想要在某个平台上做自己的自媒体，就要符合平台的调性，这样才更容易得到推荐，更容易获得读者关注，获得更高的阅读量。所以，在做自媒体之前，先花时间研究一下各个平台的风格。有些平台跟你的风格比较契合，有些平台的风格你完全驾驭不了，那么就可以有选择性地入驻一些平台，放弃另一些平台。这样既可以节省时间精力，也更方便后期的运营。当然，刚开始做的时候，可能风格把握不好，可以一边做一边学，慢慢掌握规律。在做中学习，进步更快。

其次，你要遵守平台规则。每个平台除了有自己的风格，还会有一些相关的规则，比如敏感性的话题不能发布，不能抄袭、洗稿，图片不能侵权，不能有 LOGO，文章必须要达到多少字。这些规则也不难了解，基本上每个平台都会把这些规则放在作者能看到的位置，你只要认真看，就一定能明白。入驻一个平台后，要做的第一件事，就是去看它的规则。

严格遵守平台规则，你的自媒体才能够存活，并且得到推荐和曝光。如果平台不允许的事情你偏要做，轻则不推荐，重则禁言封号。这样的话，你所有的努力都会白费。

再次，保持稳定推送。有些作者做自媒体比较随意，想起来就推送一次，忙的时候干脆就十天半月不推送。这样是很难把一个号养起来的。做自媒体虽然自由度比较高，但想要得到更多的曝光，想要被更多人关注，还是要保持稳定推送，能日更最好，不能日更也要尽量保持高频率推送。只有你的文章不断地出现在读者面前，才有可能被记住。因此，做自媒体，一定要勤奋自律。

另外，内容垂直优质。一般来说，内容垂直的号更受欢迎，因为读者一看就知道这个号会发什么内容，更容易精准地吸引粉丝。而且，现在很多平台是机器推荐，领域垂直，推荐也会更精准。如果你今天写育儿，明天写职场，后天写财经，每个领域的读者都会嫌你不够专业，很难关注你。这样也不利于建立个人品牌。除了垂直，内容也要保持优质，只有优质的内容才能走得更远。

最后，你一定要爱惜羽毛。有些作者为了阅读量毫无底线，抄袭、洗稿，或者写一些低俗的内容。还有一些作者，有了粉丝后就大量做广告，为了多赚钱，产品质量不过关，或者忽悠读者投资。虽然阅读量很高，粉丝量也多，但很容易“人设”坍塌，失去读者的信任。不但没办法再变现，名声也会受影响。因此，请爱惜你的羽毛，互联网是有记忆的，你做的每一件事，都会被读者记住。

总结：赚取稿费和做自媒体变现，是目前两个主要的写作变现方式，其他的很多种变现方式都是在这两种的基础上延伸的，比如出书、开课程、做咨询、找到跟写作相关的工作等等。这两种方式可以单独用，也可以一起用，一边投稿赚稿费，一边慢慢做自媒体，虽然会更辛苦，但收益会更多，成功的概率也会更大。

持续变现：超越红利期的“魔咒”

只要方式对了，写作变现并不难，难的是持续变现。经常看到有些作者，短时期内很活跃，但慢慢地就销声匿迹了，究其原因，就是没有持续变现的能力。很多人经常问新媒体红利期过去了怎么办？现在学写作是不是太晚了？这种担忧完全忽略了写作是可以持续变现的，误以为只有红利期才能变现。

每个人都希望自己的事业走上坡路，可是什么样的人才会一直走上坡路呢？肯定是专业水平不断提高的人。写作也一样，不进则退，如果你的写作水平一直原地踏步，变现会越来越难。因为平台和读者都会成长, 你不成长, 只能被淘汰。

投稿其实也一样，刚开始你会觉得上稿很容易，可随后就会发现，编辑的要求越来越多，上稿越来越难。这个时候，你要么精进自己的写作水平，要么接受拒稿。如何精进自己的写作水平呢？

一是经常越界。除了熟悉的文章，经常写一写自己不熟悉的，或者经常变换表达方式，不要让表达方式过于单一。

二是不忘学习。平时看别人的文章，觉得人家比自己写得好，就要分析一下，好在哪里，这个好的方法自己可不可借鉴？如果看到不好的文章，也可以反省一下，自己有没有犯过类似的错误。每日三省吾身，才能保持清醒，千万不要因为有人夸奖几句，就觉得自己文章天下无敌。

三是接受挑战。比如一些写法自己之前没有遇到过，但正好有个约稿，不妨接受挑战，哪怕最终结果并不好，至少在这个过程中，自己还是会学到东西的。不要因为畏难而退缩，只有接受挑战，才能发现更多的可能性。

当然，除了提升写作能力这个核心因素外，如果想长期从事写作这个职业，不但要学会如何靠写作变现，你还要增强自己持续变现的能力。这是非常重要的，能保证你在写作之路上一直走得很好。那么，想要打造持续变现的能力，需要做什么呢？

追求复利：持续输入和输出

经常有人问：老师，我不知道写什么怎么办？我写出来的文章毫无新意怎么办？

写作是一种输出，学习是一种输入，这两件事情相辅相成。一个持续学习的人，无论任何时候，都会有东西可以写，因为他的思维方式在不断升级，知识在不断迭代。写作中最大的麻烦，一是没有东西可以写，二是写来写去都是老一套。而这两个问题，正好可以通过学习解决。因此，一个人如果持续写作，就必须持续学习，也就等于在持续进步。持续变现的同时，个人能力也会持续得到提升，实在是一举两得的事情。学习包括很多种，上课、看书、看新闻、看别人的文章、看视频听音频，其实都是一种学习。

除了输入，最重要的是要持续输出，不断写文章，不要“三天打鱼，两天晒网”，哪怕暂时收益不大，只要持续下去，就会有持续的收入和进步，而且随着坚持的时间越来越长，收入和进步也会递增，慢慢会看到复利的威力。

平衡点：在读者与兴趣之间摸索

经常有作者纠结：我是写自己喜欢的还是读者喜欢的？写自己喜欢的吧，害怕读者不喜欢，无法变现。写读者喜欢的吧，又觉得背叛了自己，心里难以接受。

其实这两者并非难以调和。你是作者，但同时也是读者，你喜欢的文章，也一定有其他读者喜欢，因此，写好你喜欢的，就能收获一大批读者。当然，在这个过程中必须要注意，不能自嗨，比如有些人写日记，自己确实很喜欢，因为天马行空，很自由啊，可以想怎么写就怎么写。可是很多时候，你的表达方式并非是读者喜欢的，例如情绪化严重，你写得“很嗨”，读者看起来就很痛苦了。因此，写你喜欢的类型没问题，但还是要掌握方法，尽量把你喜欢的类型，用读者喜欢看的方式写出来。

如果一个类型不是特别小众，但读者就是不喜欢，那可能是因为你没有找到读者感兴趣的表达方式。另外，还有一些类型本来就是小而美的，不会有大量读者，你选择了，就要接受。我也不建议全部迎合读者，只写读者喜欢看的，因为那样你会很痛苦，会怀疑写作的意义，很难长期坚持下去。在自己的喜好和读者的兴趣之间找到平衡点，你会写得更开心，也会得到读者的认同和喜欢。

保持诚实：所谓捷径，往往都是陷阱

有一个很有趣的现象，很多时候，一个热门的影视剧出来，往往伴随着抄袭的丑闻，有些作者就因为这些丑闻缠身而寸步难行。不要拿极个别的成功人物举例，那毕竟是少数，大多数人，还没有成功，就倒在了抄袭的路上。除了抄袭，还有一种说法叫洗稿，就是把别人文章中的主题或事例直接用到自己的文章中。

在新媒体圈子里，确实有这样的事情存在，但除了极个别幸运儿，大多数作者真的会因此失去很多机会。我曾经见过有人因为洗稿，被人公开指责，也被编辑拉黑，连培训班都不收这样的人，最后没办法，只能换个笔名。

养个笔名很不容易，从发第一篇文章开始，要连续发很多篇，才能让这个名字被一小部分人熟知，换个名字就要重新开始。包括之前好不容易争取到的一些资源，基本上也全部归零了。与其这样，还不如保持原创，可能前期会觉得困难一点，速度也会慢一点，但可以长久地走下去，能够收获真正认可你的读者，能够真正得到成长，获得别人拿不走的能力，这个收益才是最大的。

你认为的捷径，很多时候都是陷阱。

关注潮流：尽可能及时站到风口上

我最开始是写传统媒体的，当时发表量非常大，收入也比较可观。然而，那时候我明显感觉到，文章越来越难发表，很多熟悉的杂志和报纸要么改版，要么关停。就这个时候，公众号开始兴起，很多人都去玩公众号了。

我当时并不知道公众号怎么玩，也不知道怎么才能变现。不过，我注意到了这个风向的变化，意识到在传统媒体很难再有突破，但公众号却有无限可能。于是我开了公众号，连定位什么的都不知道，公众号名字就直接用了笔名“汤小小”，一边依靠传统媒体维持生活，一边把文章发到公众号上。虽然很长时间公众号都没有收益，但慢慢吸引了很多读者，后来也找到了很多的变现方式，写公众号的收入也慢慢超过传统媒体。从传统媒体到新媒体，我完成了一次过渡，虽然这个过程很累很苦，但正因如此，才保证了写作的持续变现。

作为一个想要变现的写作者，要有一定的敏锐度，时刻注意风向变化，及时调整写作方向，这样才不容易被淘汰。

比如有时候育儿文章特别好发表，有时候古风很受欢迎，有时候会出来一个有红利期的平台。不管风向怎么变，其实写作方法都是相通的，也不必太担心自己驾驭不了。改变虽然痛苦，但变过来以后就会发现另一番天地。

如果变现方式过于单一，一旦这种方式出现问题，就会影响作者变现。另外，作为一个想要靠写作变现的作者，一定要尽量多开拓一些变现渠道，这样既能帮你更多地变现，也能保证克服风险。

前面我讲到了写作的很多种变现方式，除此之外，还有很多方式可以开拓，一旦你决定用写作变现，其实就是把写作商业化，既然商业化，当然要寻找更多的可能。当然，这个也看个人需求和目的，可以根据自己的优势和喜好做选择，不一定要选择所有的方式，选择适合自己的最重要。需要注意的是，不管如何变现，都要记得自己的核心竞争力是什么，要始终保持文章的质量。不要为了变现而忽略质量，那样反而走不远。

最后，祝所有的作者都能够在写作变现这条路上走得更长久更开心。